TITANIC 2012

ISBN : 978-2-324-00161-1
Dépôt légal : mars 2012

Ouvrage publié sous la direction de Xavier Décousus
Conception couverture : Olo Éditions
Illustrations : Pierrick Martinez
Maquette intérieure : Charles Boitier

Éditions Gründ
60, rue Mazarine
75006 Paris – France
Tél. : 01 53 10 36 00
Fax : 01 43 29 49 86
Internet : www.grund.fr

Christophe Lambert

TITANIC 2012

GRÜND*romans*

À Mélissa…

AVANT-PROPOS

Sous prétexte qu'ils parlent du futur, les romans de science-fiction sont-ils soumis à une date limite de consommation, comme les yaourts ?

La question s'est posée quand Xavier Décousus, directeur de la présente collection, et moi-même avons songé à rééditer l'ouvrage que vous tenez entre les mains, initialement publié par Denis Guiot chez Hachette, en 1999. Le futur que j'avais imaginé alors est devenu, entre-temps, notre présent et si, à la relecture, certaines distorsions tenaient de l'anecdote, du gadget, d'autres se révélaient beaucoup plus importantes, à commencer par le postulat de départ : la construction d'un complexe touristique autour de l'épave du *Titanic*. Rien de tel ne s'est produit à ce jour.

Fallait-il projeter à nouveau mon récit vers l'avenir, remplacer les voitures par des véhicules volants et intituler l'ensemble *Titanic 2112* ?

Si, après réflexion, ma réponse a été négative, ce n'est d'aucune façon pour escamoter les difficultés d'une refonte complète mais bien pour défendre l'idée que je me fais de la science-fiction en général, et de l'anticipation en particulier. Les auteurs de SF parlent du présent, ni plus ni moins, et les questions que j'abordais en 1999 sont toujours d'actualité : doit-on laisser faire n'importe quoi au nom du devoir de mémoire ? La course au profit nous entraîne-t-elle vers notre perte ? Sommes-nous vaccinés contre le complexe de l'« apprenti sorcier » scientifique ? Etc.

Le naufrage du *Titanic* fait partie de ces événements qui ont une portée symbolique universelle… et intemporelle. Le lecteur curieux pourra se reporter à la postface pour en juger.

Ajouter des voitures volantes à tout cela n'aurait pas rendu l'histoire meilleure… ni pire (à vous de voir). Tout est toujours une affaire de point de vue, en définitive. Pour le lecteur de 1999, *Titanic 2012* se rangeait dans la catégorie « roman d'anticipation » ; celui d'aujourd'hui y verra la description d'un univers parallèle… Quant au lecteur du futur, il sera en présence d'une uchronie. Trois romans pour le prix d'un, vous en avez de la chance !

En vous souhaitant de passer un bon moment en compagnie de mes personnages, j'espère vous retrouver à la fin de cette histoire pour l'« autopsie du mythe ».

Christophe Lambert, février 2011.

PREMIÈRE PARTIE

DIEU JOUE-T-IL AUX DÉS ?

« Et puisque les plus beaux musées se trouvent dans la mer, pourquoi ne pas les visiter dans leur élément ? Plutôt que de remonter l'épave, faire descendre le public. Et, du même coup, lui offrir l'écrin sans pareil du monde subaquatique. »

J. Rougerie et H. Verlomme

(*Les Enfants du capitaine Nemo*, éd. Arthaud)

1

Lorsque le petit garçon déboucha sur le pont promenade, deux choses le frappèrent. Le froid, tout d'abord, vif et mordant. Puis une certitude terrifiante, évidente : le bateau coulait.

L'enfant s'appelait Stirling Silliphant. Il avait 9 ans.

Sous ses pieds, les 46 000 tonnes du *RMS Titanic* s'enfonçaient lentement dans l'Atlantique, un linceul sombre et glacial.

« Viens, Stirling. »

Sa mère lui prit la main et l'entraîna vers l'avant, à bâbord, là où régnait la plus intense activité. Elle portait un petit chapeau enrubanné et une robe noire. Des hommes s'affairaient autour du garçon et de la jeune femme. Ils tentaient de décrocher plusieurs canots encore fixés à leur bossoir, ou bien jetaient chaises et transats par-dessus bord. Quelle heure pouvait-il être ? 01 h 30 ? 01 h 45 ? Difficile à dire. Le petit Stirling et ses parents avaient été réveillés aux alentours de minuit par un steward qui tambourinait aux portes en criant :

« Enfilez vos gilets ! Tout le monde doit monter sur le pont avec les gilets de sauvetage. Ordres du capitaine. »

Docilement, les passagers de troisième classe (des immigrants peu fortunés) s'étaient regroupés dans les coursives. Certains avaient pris leurs bagages. Au bout de quelques minutes, le bas du grand escalier menant au pont E ressemblait à un hall de gare. Pas de panique. Pas de crises de nerfs. Juste un brouhaha tendu, un sabir indistinct où se mêlaient les langues des quatre coins du monde. Vers minuit et demi, un vacarme inhabituel venu des chaudières avait secoué les entrailles du navire.

« Qu'est-ce qui se passe ? » s'était étonné Stirling.

Ni son père ni sa mère n'avaient pu lui répondre. Des rumeurs contradictoires circulaient. Les moteurs étaient en panne ? Mais non, le *Titanic* avait heurté un autre paquebot. Ou un récif. Ou Jack l'Éventreur. Ou Dieu seul savait quoi encore...

Les garçons de cabine prétendaient qu'il s'agissait d'un simple exercice de sécurité. Peu avant 01 h 00 du matin, le steward le plus dynamique avait rassemblé une trentaine de femmes et d'enfants pour les évacuer. Madame Silliphant, elle, refusait catégoriquement de quitter son mari.

Vingt longues minutes s'étaient alors écoulées.

Le couloir s'inclinait de manière singulière, mais il y avait toujours de la lumière. Des soutiers, des chauffeurs, d'autres passagers de troisième classe arrivaient de la proue. Leur air hagard et leurs vêtements mouillés ne laissaient présager rien de bon.

Le courageux steward était revenu, hors d'haleine, puis avait lancé :

« Il me faut encore des femmes et des enfants ! »

Cette fois-ci, Madame Silliphant avait cédé aux injonctions de son époux.

« Quelqu'un doit prendre soin de notre fils », martelait-il, solennel.

Un baiser. Une larme aussitôt essuyée. Les adieux avaient été rapidement expédiés. Le temps pressait. Deux minutes plus tard, Stirling, sa mère et vingt-trois autres passagers suivaient le jeune employé de la White Star Line dans le dédale d'acier. Ils étaient montés jusqu'au pont C pour traverser une bibliothèque avant d'atteindre le prestigieux escalier des première classe. Le petit garçon avait écarquillé les yeux, tout surpris par les jolies choses que l'on trouvait dans cette partie du bateau. La majestueuse coupole de verre l'avait particulièrement impressionné. Il n'était pas encore très effrayé. Son inquiétude se teintait d'une sorte d'excitation irrationnelle, pas vraiment désagréable… enfin, jusqu'à ce qu'il mette le nez dehors.

« Vous ne pouvez pas aller par là, madame, annonça un officier avec un regard empli de réprobation.

– Mais…

– Reculez et attendez qu'on ait mis à l'eau les canots pliables.

– Et celui-ci ? protesta Mme Silliphant.

– Il est complet. »

L'homme disait vrai. Soixante-dix personnes s'entassaient déjà à l'intérieur de l'esquif. À cet instant, une strie de feu déchira le ciel étoilé avant d'exploser en gerbes blanches.

« Waouh… » souffla Stirling.

Le spectacle était magnifique. Une pluie de lumière vive retombait parmi la fumée résiduelle des cheminées, formant une sorte de dôme scintillant. On aurait dit que Dieu lui-même entrebâillait un petit coin de paradis pour jeter un œil sur les fourmis humaines qui s'agitaient sous son nez.

« Reculez », répéta l'officier.

Ils obéirent.

Le *Titanic* piquait du nez et l'angoisse montait. À l'avant, seuls le mât et le gréement dépassaient de l'eau. La silhouette du capitaine Smith se découpait sur le pont des embarcations. Armé d'un porte-voix, il hélait la flottille des canots qui s'éloignaient sans coordination.

« Revenez ! Rangez-vous le long du bord ! »

Mais, au milieu des cris, des coups de sifflet, du rugissement des fusées de détresse, personne ne l'écoutait. Le quintette à cordes ne remportait guère plus de succès. Les musiciens continuaient néanmoins à jouer une valse guillerette. L'inclinaison du paquebot rendait leur tâche malaisée.

Le doute n'était plus permis : le géant des mers agonisait. Son ventre gargantuesque émettait des bruits bizarres, sinistres, presque organiques, comme s'il était en proie à une digestion difficile. À tribord, deux détonations claquèrent. Quelqu'un faisait usage d'une arme à feu. Maintenant, Stirling avait peur… Très peur, même. Et il ne pouvait s'empêcher de penser à son père, coincé quelque part en bas.

Soudain, un flot d'immigrants venant du grand escalier se déversa pêle-mêle sur le pont. Lorsqu'ils réalisèrent que presque tous les canots étaient partis sans eux, les pauvres bougres devinrent hystériques. Stirling lâcha la main de sa mère. Il ne devait plus jamais la revoir. Chahuté, compressé de toutes parts, il heurta un violoncelliste, tomba, se releva en pleurant. Un gros radeau bascula depuis le toit de la timonerie, non loin des musiciens. Il s'écrasa à l'envers et les vagues vinrent lécher ses flancs presque aussitôt. Une grappe d'hommes se rua en direction de la barcasse, pataugeant dans l'eau jusqu'à mi-mollet. Une scène similaire se déroulait de l'autre côté du carré des officiers. De nouveaux coups de feu éclatèrent. C'était la fin.

Stirling essaya de remonter vers sa mère, à contre-courant des adultes. Il glissa, roula cul par-dessus tête et tomba dans l'eau. Le froid le saisit instantanément : une impression horrible, comme une décharge de 10 000 volts. Le souffle coupé, il ouvrit la bouche pour crier, but la tasse. Ses mains se refermèrent par miracle sur un cordage. Il émergea, toussant, crachant, au milieu d'un maelström de débris et de silhouettes en brassière blanche. Le toit de la timonerie disparut dans un gargouillement de grosses bulles. Une vague plus forte que les autres plaqua le petit garçon contre le ventre du canot retourné. Un officier l'aida à se hisser hors des flots. Les gens hurlaient. Tout le monde refluait vers la poupe, dans un ultime effort pour échapper à la mort. Une véritable vision d'apocalypse.

D'un seul coup, la première des quatre cheminées se détacha de son berceau. L'énorme tube écrasa une dizaine de nageurs dans un déchaînement d'écume dantesque. Un nuage de suie brûlante enveloppa la scène. Stirling, toujours à califourchon sur son radeau, faillit être balayé par la mini-lame de fond qui suivit. Horrifié, il aperçut un homme tout noir, comme goudronné, la bouche grande ouverte. Ses dents brillaient, petit éclat d'ivoire tranchant avec la chair charbonneuse. Le malheureux coula à pic avant d'avoir pu articuler le moindre cri.

L'enfant, lui, hurla…

… et se réveilla dans le corps d'un vieillard !

L'espace d'un instant, Stirling Silliphant, 109 ans, fut complètement désorienté. Où était-il ? Sur le pont du *Titanic* en 1912 ou dans sa chambre un siècle plus tard ? Il promena un regard incrédule autour de lui. Sa poitrine décharnée se soulevait et se rétractait de manière saccadée. Il haletait.

Sa main droite chercha à tâtons quelque chose sur la table de nuit. Ses pilules pour le cœur. Il en avala une. Quelques minutes plus tard, un calme diffus et artificiel l'envahit. Son rythme cardiaque se stabilisa. Il respirait mieux, à présent.

La pendule digitale placée en face de son lit indiquait 02 h 20. L'heure du drame. L'heure à laquelle il se réveillait, chaque nuit, depuis quelques semaines. Les larmes embuèrent son regard. La peur avait commencé son insidieux travail de sape. Peur du passé. Peur du futur. Les deux étaient liées.

Quelque chose de terrible se tramait, il en avait l'intime conviction.

2

Vendredi 6 avril 2012. 10 h 00.

La salle de conférences bourdonnait comme une ruche. Les lumières étaient prêtes, les caméras aussi. Les murmures s'intensifièrent lorsque deux hommes en costume gris clair firent leur apparition. Ils s'installèrent derrière une table qui couvrait toute la largeur du podium. Des flashs crépitèrent. Le logo géant de la société Deep Blue Dream (un arc-en-ciel s'enfonçant dans les eaux bleues de l'océan) dominait la scène.

Le plus mince des deux personnages – un grand échalas, crâne dégarni, petites lunettes – leva les mains, paumes en avant. Il ressemblait à un acteur cherchant à écourter une *standing ovation* à la remise des Oscars. Sur son badge, on pouvait lire « Mitch Bellami, conseiller juridique ».

« Un peu de calme, s'il vous plaît, commença-t-il. Merci... M. Hamilton et moi-même sommes là pour répondre à vos questions. »

Le fond sonore baissa d'un cran. Une forêt de mains se dressa au-dessus du public. Murray Hamilton, quinquagénaire à la mâchoire carrée et aux tempes grisonnantes, désigna une femme au premier rang.

« Karen Grassle. CNN. Ma question sera brève, monsieur Hamilton. Serez-vous prêts à temps ? »

Le P.-D.G. de Deep Blue Dream se fendit d'un sourire matois, tapota le micro planté devant lui, puis déclara :

« Ma réponse sera encore plus brève que votre question, mademoiselle. Elle tient en un mot : « oui »

– Pourtant, il y a eu des rumeurs. On murmure que vous avez pris beaucoup de retard. »

Hamilton haussa les épaules, fataliste :

« Vous savez, il y a un proverbe qui dit : "À gros projets, gros retards." Cela est valable pour tous les grands travaux : la muraille de Chine, un pont, une autoroute… et pour une station sous-marine à 3 800 mètres de profondeur ! Nous avons eu des problèmes, c'est vrai. Mais ils sont résolus à présent et je peux vous le confirmer : "Le cœur de l'océan" sera en mesure d'ouvrir ses portes dans une semaine, le 14 avril 2012 ! »

Un technicien attendait ce signal en coulisses. Il appuya sur un bouton et, aussitôt, un énorme cube transparent émergea d'une trappe incrustée dans le podium. Il abritait une maquette extraordinairement détaillée : une installation sous-marine qui tournait lentement sur elle-même pour que l'on puisse l'admirer sous toutes les coutures[1]. Le complexe se déployait en croix. Le puits central de l'ascenseur, une longue colonne creuse, pointait vers la surface. Une fausse boussole incrustée sur le socle indiquait les points cardinaux. À l'est : le centre de contrôle. Au sud : un gigantesque amas d'acier, tout gondolé, entouré de débris. L'arrière du grand bateau, apparemment. À l'ouest, sous une coupole qui évoquait une cloche à fromage, un complexe hôtelier de luxe. Et enfin, au nord, également abrité sous un dôme transparent, le clou du spectacle, la proue du plus beau paquebot de tous les temps : le *RMS Titanic*.

De nouvelles mains se levèrent dans un tohu-bohu général. Les questions fusaient :

« N'est-ce pas d'un goût douteux d'inaugurer ce complexe cent ans jour pour jour après la catastrophe ?

– Où en est votre procès avec la RMS Titanic Society ?

– Avez-vous obtenu l'accord de toutes les familles des victimes ?

---

1 - Se reporter à l'illustration (au plan) reproduit(e) au début et à la fin du présent ouvrage.

– À combien se monte votre budget global ?
– Y aura-t-il des forfaits de groupe ?
– Leonardo DiCaprio viendra-t-il à la soirée d'ouverture ? »
Bellami, l'homme de loi, intervint de nouveau :
« Silence. Pas tous en même temps, je vous prie… »
Le feu roulant des questions s'apaisa, remplacé par des chuchotements épars. Une journaliste brune dont le maquillage rehaussait la beauté un peu fanée se leva brusquement, coiffant sur le poteau plusieurs de ses collègues :
« Vonda McCaffery. Câble-News. Vous savez que vos détracteurs sont nombreux. Beaucoup de gens se disent choqués par la nature même de cette entreprise : transformer un sanctuaire maritime en attraction touristique. Maintenant que votre projet est sur le point d'aboutir, après toutes ces batailles juridiques, êtes-vous en mesure de rassurer d'une part les amoureux du *Titanic* et, de l'autre, les défenseurs de l'environnement ? »
Hamilton porta un gobelet à ses lèvres et s'éclaircit la voix :
« Très sincèrement, je ne comprends pas ce procès que l'on nous fait depuis des années. Savez-vous ce qu'est une zooglée, madame McCaffery ?
– Non, reconnut-elle, les sourcils froncés.
– C'est une réunion de bactéries, des micro-organismes agressifs qui attaquent le métal trop longtemps plongé en milieu iodé. Sans notre intervention, le *Titanic* aurait été dissous, désintégré en 2050 ! Nous avions les moyens techniques de restaurer l'épave et nous l'avons fait, voilà tout. Ce drame est tellement riche en résonances historiques, mais aussi sociales, humaines, philosophiques… Avions-nous le droit de priver nos enfants d'un tel héritage ?
– C'est votre méthode qui prête le flanc à la critique, contra McCaffery. Vous appelez ce complexe un “musée”, “un mémorial”, mais d'autres parlent de “piège à touristes” ! Vous allez bien faire payer l'entrée, non ? »

Le super P.-D.G. soupira :

« Je suis fatigué d'avoir à me justifier sur ce chapitre. Oui, nous allons faire payer l'entrée. L'investissement de Deep Blue Dream et de ses partenaires se monte à près de 1,2 milliard de dollars. Croyez-vous que les banques m'aient avancé une telle somme rien que pour mes beaux yeux ? Tout a un prix. Même la sauvegarde du patrimoine mondial.

– Y aura-t-il du *merchandising* autour de l'épave ? On dit que vous avez négocié les droits des produits dérivés pour plus de 100 millions de dollars.

– Nous ouvrirons une boutique de souvenirs, admit Hamilton, comme à la sortie de n'importe quel musée. Personne ne s'offusque du fait qu'on puisse acheter des gobelets et des tee-shirts à San Antonio, sur les lieux mêmes où sont morts les défenseurs de Fort Alamo. Le principe est le même. Et d'ailleurs qu'appelez-vous un "produit dérivé" ? Le film de James Cameron est bien un "produit dérivé" de la catastrophe, n'est-ce pas ? Fallait-il pour autant interdire son exploitation ? Non, bien sûr que non !

– Je précise que les véritables reliques du bateau ne seront pas mises en vente, coupa le juriste. Elles seront simplement exposées. Nous avons toujours été très clairs sur ce point. »

Hamilton se renfonça dans son fauteuil et prit un air enjôleur :

« Mademoiselle McCaffery, puisque vous semblez si soucieuse de notre éthique, je vous propose la chose suivante : venez à notre grande soirée d'inauguration la semaine prochaine. Vous verrez que nous n'avons rien à cacher. »

Mitch Bellami lança un coup d'œil accusateur à son patron mais s'abstint de tout commentaire. La journaliste, elle, rayonnait.

Le feu roulant des questions reprit aussitôt.

3

Nathan Hamilton grimaça. Étalée sur l'écran géant de sa chambre, l'image de son père couvrait une bonne moitié du mur.

« Vous verrez que nous n'avons rien à cacher », déclarait le milliardaire avec un sourire que Nathan connaissait bien.

L'adolescent zappa sur MTV. Il bouillonnait, comme s'il avait son paternel en face de lui, pour de vrai. Ah, ce sourire horripilant ! Combien de fois le lui avait-il servi depuis sa naissance, seize ans plus tôt ? Des centaines ? Des milliers ? Le message caché derrière son expression faussement bienveillante était toujours le même. Il signifiait « Oui, oui, vous pouvez causer autant que vous voulez. Au final, c'est moi qui ai raison. C'est moi le patron, le "*Big Man*". Alors on fera les choses à ma manière. » On ne discutait pas avec le Boss. Il arrivait toujours à ses fins. Nathan en voulait pour preuve la fois où son père l'avait persuadé de laisser tomber la batterie au profit du violoncelle, un instrument plus noble, plus sérieux. Ou bien la fois où il l'avait incité à quitter son club de jeux de rôles (une activité de dégénérés) pour s'inscrire au club d'échecs du lycée. Études, vêtements, fréquentations… Les exemples étaient légion. Murray Hamilton avait une fâcheuse tendance à régenter la vie de ses proches de la même façon qu'il dirigeait son entreprise : en dictateur. D'ailleurs, c'était le principal argument de sa femme au moment de leur divorce. La mère de Nathan étouffait. Cette fois encore, Hamilton avait obtenu ce qu'il voulait : la garde de l'enfant. Et l'opinion du principal intéressé, dans tout cela ? Les juges ne paraissaient pas en faire grand cas. Le petit possédait tout ce dont il avait besoin, et plus encore ! Alors pourquoi ne serait-il pas heureux ?

Nathan lança sa télécommande contre le mur. L'écran s'éteignit. L'ado inspira profondément, essayant de contenir la bouffée de rage qui montait en lui. Il avait la sensation d'étouffer, tout comme sa mère jadis, d'être coincé dans un train d'où on ne pouvait sauter en marche. Il fit volte-face et se dirigea vers une partie de la pièce encombrée par un fatras d'instruments de musique reliés à des ordinateurs. C'était son repaire, l'endroit où il aimait s'isoler lorsque l'horizon s'assombrissait. Il mit un casque sur les oreilles, enclencha quelques commutateurs. Une mélodie syncopée assaillit ses tympans. Autour de lui, des couleurs fluorescentes dansaient dans des cylindres. Le jeune homme secouait la tête en suivant le rythme des pulsations électroniques. Son regard se fixa sur la photo qui, démultipliée par le nombre d'ordinateurs, servait de fond à tous les écrans de la pièce. On y voyait une jeune Eurasienne, de 17 ou 18 ans, au sourire éclatant.

Le cœur de Nathan s'emballa encore plus vite que la musique.

4

Lundi 9 avril. 07 h 50.

Une aube grise et froide se levait sur Central Park.

Paul Lomat attaquait son quatrième tour de lac tout en maintenant un rythme assez soutenu. Il transpirait, les muscles de ses jambes le tiraillaient mais, globalement, il se sentait bien. Il avait atteint sa vitesse de croisière, ce qu'il appelait le « pilotage automatique ». C'était le moment le plus agréable dans la pratique du jogging. Au bout d'un certain temps, son corps agissait seul et il laissait ses pensées dériver sur des sujets plus ou moins urgents : le dossier Scott, qui traînait depuis trois bonnes semaines, ses prochaines vacances avec sa fille Stacy, la plomberie de la salle de bains...

Au cinquième tour, il remarqua la jeune femme en duffel-coat vert, assise sur un banc, un cartable posé sur les genoux. Elle l'observait avec une insistance non dissimulée. Bizarre, elle était presque le sosie de Cameron Diaz et il attirait rarement le regard de ces filles-là. Non pas qu'il fût Quasimodo, mais il fallait bien se rendre à l'évidence : petit, la quarantaine, avec un grand nez (un « tarin aérodynamique », plaisantait Stacy) et des cheveux noirs de jais. Il ne ferait sans doute jamais la couverture de *Vogue Hommes*. Contre toute attente, la belle inconnue se leva et commença à lui courir après !

« Heu, bonjour, lança-t-elle entre deux foulées. Vous êtes bien Paul Lomat ? »

Il ralentit :

« C'est mon nom... À qui ai-je l'honneur ?

– Katherine Wells. (Elle lui tendit la main sans s'arrêter de courir.) À l'agence, ils m'ont dit que je pourrais vous trouver ici. Vous faites ce parcours tous les matins, non ? »

Cette fois, il stoppa. Où voulait-elle en venir ?

« Écoutez, vous êtes charmante, mademoiselle...

– Wells.

– C'est ça. Wells. Mais... que puis-je pour vous, au juste ?

– C'est assez compliqué. Je vous offre un café ? Un *doughnut* ? »

De mieux en mieux. Il la fixa, ahuri.

« Je veux vous parler du dossier Hamilton, précisa-t-elle.

– "Le cœur de l'océan" ?

– Exactement. Je travaille pour Murray Hamilton. Je suis océanographe.

– On vous a mal aiguillée, mademoiselle. C'est William Bixby qui est en charge de ce dossier.

– Ils ont acheté Bixby. On ne peut pas compter sur lui. »

Paul ouvrit des yeux ronds comme des soucoupes.

« Acheté ? Mais qu'est ce que vous racontez ?

– Je vous le paye ou non, ce café ? »

Ils entrèrent dans le premier *coffee bar* venu, à l'angle de Broadway et de la 59e rue. Katherine commanda un thé. Lomat opta pour une grande tasse de café avec des pancakes.

« Bon alors, expliquez-moi tout, maintenant, Miss Wells.

– Appelez-moi Kathy.

Elle regarda les clients du bar avec méfiance puis enchaîna :

– Que savez-vous du "Cœur de l'océan" ?

– Je vous l'ai déjà dit, c'est un collègue qui s'occupe de ce dossier. Pas moi.

– Vous avez bien dû en entendre parler, non ? »

Paul sentait une certaine irritation le gagner, aussi enchaîna-t-il avec un sourire forcé :

« Je lis les journaux, comme tout le monde. Je sais qu'il s'agit d'un musée sous-marin bâti autour de l'épave du *Titanic*. Je sais que ça a coûté un paquet de pognon. Je sais que le type qui a lancé tout ça est complètement mégalo... et je sais que la compagnie d'assurances pour laquelle je bosse s'occupe de ce chantier. Un gros contrat, c'est certain.

– Depuis combien de temps travaillez-vous pour Graham & Shusters ?

– Dix ans tout rond.

– Et vous connaissez bien William Bixby ?

– Nous n'avons jamais fait équipe, mais je crois savoir qu'il est bon. C'est lui qui s'est chargé de ce barrage en Asie, il y a deux ans. Il a l'habitude des gros travaux, de la technologie de pointe. Il n'y a aucune raison de supposer qu'il fasse mal son boulot. »

La serveuse revint avec les boissons et une assiette de pancakes.

« Vous désirez autre chose ?

– Ça ira pour l'instant. »

Paul arrosa les galettes chaudes d'une généreuse couche de sirop d'érable.

« Vous en voulez ?

– Merci, non. (Elle souffla sur son thé.) Pour en revenir à votre copain Bixby...

– Attendez, je n'ai jamais dit que c'était mon copain. Il bosse au même étage que moi et je le considère comme un pro, c'est tout.

– Oui, eh bien permettez-moi de mettre en doute son professionnalisme. Je lui ai transmis un dossier, il l'a mis à la corbeille. J'ai cherché à le rencontrer, il est toujours en réunion ou en déplacement...

– Et pour vous, ça veut dire qu'il a été acheté ? Vous n'y allez pas de main morte dans vos accusations ! Vous êtes une fana de la théorie des complots, le 11 Septembre bidonné, tout ça ? »

Elle le regarda droit dans les yeux :

« Il y a des problèmes de sécurité avec "Le cœur de l'océan". À mon avis, on court droit à la catastrophe ! »

Paul faillit avaler son café de travers.

Un homme se tenait à deux pas du *coffee bar*, à moitié dissimulé par un marchand de hot dogs ambulant. Il portait un imperméable beige et fumait une cigarette sans quitter Paul et Kathy des yeux. Le couple poursuivait sa discussion animée de l'autre côté de la vitre. Après avoir écrasé sa clope, l'homme composa un numéro sur son téléphone portable puis attendit, les traits crispés.

5

SHCLAC !

La petite balle décrivit un arc de cercle presque parfait avant de rebondir, 200 mètres plus loin, à une distance raisonnable du green. Le terrain, tantôt vallonné, tantôt plat, s'étendait sur plus de quatre hectares. Il y avait des halliers disposés en bordure du fairway, et des buissons vert émeraude aux feuilles brillantes. C'était un endroit calme et de toute beauté, propice à la méditation. Le silence n'était troublé que par le zézaiement lointain de l'arrosage automatique. Terence Granchester, short et polo blanc immaculés, mit sa main en visière pour observer les derniers rebonds. Son drive avait légèrement dévié sur la droite, mais le bunker était franchi. Encore deux swings pour atteindre le green, puis un putt histoire de terminer en beauté : un « par trois » en quatre étapes. Pas mal pour un amateur. Maintenant, il fallait qu'il reste concentré… La concentration, c'était le maître mot en matière de golf… comme en affaires, d'ailleurs.

Terence rangea son club dans le sac prévu à cet effet. Il entendit l'herbe bruisser dans son dos. Sans même se retourner, il reconnut la démarche martiale de Spota, son assistant au physique de croque-mort :

« Monsieur Granchester !

– Quoi ?

– Des nouvelles de la fille. Elle discute en ce moment même avec un type de chez Graham & Shusters. »

Le golfeur soupira :

« On a son identité ?

– Non, pas encore. J'ai mis quelqu'un sur le coup.

– Bien. (Il réfléchit quelques instants.) Contactez Wesson.

– Wesson ? Mais, monsieur, il est en Afrique.

– Je m'en fiche. Je veux Wesson. C'est le meilleur.

– Très bien, monsieur.

– Qu'il s'occupe de cette fille. Elle commence à faire un peu trop de remue-ménage à mon goût.

– J'appelle Wesson, monsieur. »

Spota exécuta un demi-tour parfait, en brave petit soldat, et Terence Granchester étouffa un grognement. Toute sa concentration était fichue en l'air.

6

Paul Lomat but sa troisième tasse d'une seule traite. Il commençait à se sentir nerveux. Fébrile. Et pas seulement à cause du café. Katherine déplia un plan d'architecte sur la table. Elle pointa deux cases simultanément :

« Les secteurs nord et ouest sont protégés par des boucliers moléculaires. Vous connaissez John Berg ?

– Ce savant qui travaille sur les phénomènes de supraconductivité ? Ouais. J'ai dû lire deux ou trois articles sur lui.

– Berg a conçu pour Hamilton ces boucliers que vous voyez ici et ici. Je vous passe les détails techniques sur les "états collectifs", les fermions et les bosons, etc. Sachez seulement que les boucliers forment deux dômes solides *et* transparents : le premier autour de la proue du *Titanic*, le second autour de l'hôtel Olympic. Le Boss tenait à ce que ces deux sites soient visibles depuis l'ascenseur panoramique. »

L'agent d'assurances secoua la tête :

« Attendez, attendez… Pourquoi n'ont-ils pas fabriqué leurs coupoles en verre, tout simplement ?

– Au début, ils avaient pensé utiliser du Lexan, le matériau blindé qui équipe les limousines de luxe… Mais je vous rappelle que cette base se trouve à près de 3 800 mètres sous l'eau. La pression y est 396 fois plus élevée qu'à la surface, je ne sais pas si vous vous rendez compte… Construire une cloche de verre aussi volumineuse avec un coefficient de sécurité décent était quasiment impossible !

– Alors ils ont opté pour les "boucliers machin-truc"… Et après ? Je ne vois toujours pas où est le problème… »

La jeune femme se mordit la lèvre. Elle cherchait un moyen d'exposer clairement ses arguments. Son regard tomba sur plusieurs petits pots de condiments. Elle attrapa l'huile.

« Le principe d'Archimède, ça vous dit quelque chose ?

– Hon, hon.

– Dans ce cas, vous devriez saisir la théorie de l'équilibre hydrostatique. En gros, les eaux de faible densité, chaudes et peu salées, surplombent les eaux plus denses, plus froides et plus salées. »

Pour illustrer ses propos, elle versa un peu d'huile dans son verre. La masse visqueuse restait compacte et flottait à la surface.

« Jusque-là, je vous suis.

– Les écrans sont réglés pour fonctionner avec une eau d'une certaine densité, température et salinité. Si ces facteurs varient avec une trop forte amplitude, le bouclier moléculaire s'en trouve fragilisé !

– Et pourquoi y aurait-il des variations ? Les courants marins doivent être assez rares, à plus 3 000 mètres, non ?

– Détrompez-vous. Tout d'abord, nous avons le Gulf Stream, qui ne passe pas très loin des bancs de Terre-Neuve, et puis aussi le Lorelei, qui prend naissance à la pointe occidentale de l'Afrique et vient mourir aux environs de la mer du Labrador. Mais ce ne sont pas les courants de fond qui m'inquiètent. Certains vents, par l'intermédiaire des vagues, peuvent créer ce que j'appelle des "cheminées thermiques".

Paul se tortillait sur son siège :

« Késako ?

– La chaleur présente au voisinage de la surface est poussée vers le bas et rompt l'équilibre hydrostatique. (Elle décrivit de petits cercles dans son verre, avec le doigt.) Cela se présente sous la forme de structures tourbillonnaires, vous voyez ?

– Hon, hon... Et, ces cheminées-là, elles peuvent descendre très bas ?

– Jusqu'à 3 800 mètres ? Cela peut arriver. Il faut une grosse tempête en surface. »

L'agent d'assurances laissa échapper un sifflement flûté. Katherine sortit un dossier volumineux de son cartable. Sur la couverture, on pouvait lire “De l'influence de la topologie fractale sur la genèse des thermoclines” par Katherine Wells – Woods Hole Institute ».

« Tenez, jetez-y un œil, si vous avez le temps. »

Il soupesa le classeur sans enthousiasme.

« Cette théorie des “thermo-trucs”, c'est de vous ? »

Elle hocha la tête. Il demanda :

« Et les autres consultants scientifiques, qu'est-ce qu'ils pensent de tout ça ?

– Eh bien… Je dirais qu'ils pratiquent la politique de l'autruche. Les boucliers sont conçus pour une eau comprise entre 0,5 et 3 °C, ce qui laisse une bonne marge, je le reconnais. Alors pour eux : “tout-va-bien” ! Pas la peine d'affoler le Big Boss, d'autant plus qu'il a un caractère de cochon… Reste que nous savons très peu de choses sur les “cheminées thermiques”. Le brassage augmente la température. Les eaux du Labrador, par exemple, sont à 3,5 °C et descendent jusqu'à 600 mètres de profondeur. Que se passerait-il si une cheminée se formait dans cette strate-là ? (Elle s'humecta les lèvres.) Vous… Vous pensez que vous allez pouvoir m'aider ? »

Son regard aurait pu faire fondre sans problème le plus géant des icebergs. Paul se gratta le cuir chevelu avant de répondre :

« Je vais réfléchir… Donnez-moi votre numéro et je vous recontacte dans la semaine, quelle que soit ma réponse. (Il parut hésiter une demi-seconde, puis :) Au fait, pourquoi faites-vous appel à moi ? »

Elle sourit :

« Vous avez la réputation d'être du genre têtu…

– “Têtu” est mon deuxième prénom », confirma-t-il en se levant de table.

7

Les lèvres des deux adolescents se séparèrent après une délicieuse éternité. Tina ne dit rien. Elle resta blottie dans les bras de Nathan, prolongeant par le silence cette paisible harmonie. Il lui caressa les cheveux. Les secondes s'égrenaient. Le jeune garçon se sentait gagné par une plénitude euphorisante. Il avait déjà été amoureux, évidemment, comme tout le monde à son âge… mais jamais à ce point.

Tina était formidable. Et très jolie ! Elle avait un corps gracile aux courbes harmonieuses, des cheveux courts coiffés à la garçonne, façon Louise Brooks, cette « actrice culte » du siècle dernier. Elle possédait un air à la fois innocent et mutin. En même temps, on sentait derrière cette douceur de façade un caractère trempé dans l'acier.

Tina Wong allait sur ses 18 ans, et Nathan n'était pas peu fier de sortir avec une fille plus âgée que lui, aussi mature et indépendante. Elle avait laissé tomber l'université pour se consacrer à sa véritable passion : la musique. Il l'enviait et l'admirait tout à la fois. Aurait-il le courage de faire la même chose le moment venu ? Rien n'était moins sûr. Tina, elle, allait jusqu'au bout de ses rêves. Avec trois copains, elle avait formé le groupe IG 88 and the Assassins Droïds, qui commençait à tourner dans les milieux branchés de New York. Tina était la chanteuse. Elle et lui s'étaient rencontrés lors d'une soirée, au Mandalore Paradise. Coup de foudre immédiat. Cette fête avait eu lieu seulement six semaines plus tôt. Pourtant, Nathan avait l'impression de connaître Tina depuis toujours.

« Je peux te faire écouter la maquette ? demanda-t-elle après ce long moment de silence.

– Oui, bien sûr. »

Elle se leva, entièrement nue. Il ne pouvait s'empêcher d'observer son corps tout en songeant, émerveillé : « Cette fille est avec *moi* ! ». Il n'en revenait pas, tel un gosse qui découvre deux fois plus de cadeaux que prévu devant le sapin de Noël. Tina s'accroupit et glissa le CD dans la fente du lecteur. Une rythmique *drum'n'bass* envahit la pièce. Quelque chose de cool, malgré les premiers accords Òde guitare aux accents métalliques. Il sourit. Elle revint se lover contre lui. Le contact de sa peau. Son parfum. Tout en elle l'enivrait.

« *If you're looking deep inside me,*
You can find my hidden secret.
If you only try to know me,
Maybe you'll find I'm not perfect. »

Elle possédait une belle voix, indiscutablement. Nathan n'était pas tout à fait convaincu par le solo du « synthé-sax » mais, cette réserve mise à part, l'ensemble sonnait vraiment pas mal.

« Tu parleras à ton père ? murmura-t-elle à son oreille.

– Je vais voir ce que je peux faire. »

Folle de joie, elle l'embrassa passionnément.

8

« Différents facteurs peuvent induire les changements de densité. Parmi eux, on trouve la dilatation ou la contraction thermique. Prenons une eau d'une salinité moyenne. Faisons varier la température de 10 à 20 °C. La densité passera de 1,026 95 à 1,024 76. Si la température s'élève d'un centième de degrés Celsius (toujours autour de 10 °C), la densité diminuera de 0,000 001 7. »

Paul Lomat referma le dossier. Des mots barbares s'entrechoquaient dans son crâne : « force de Coriolis », « pynoclines », « attracteurs étranges », « topologie fractale », « instationnarité »... Il se massa les tempes. Un cachet d'aspirine serait le bienvenu pour digérer tout ce pataquès. Il regarda sa montre. 21 h 25. Les bureaux de Graham & Shusters étaient pratiquement vides à présent. Molly, sa secrétaire, enfilait son manteau. Elle avait 45 ans et des cheveux qui attendaient la prochaine teinture avec impatience.

« Bonsoir, monsieur Lomat.

– Bonsoir, Molly. À demain. »

Paul s'étira. Après une journée passée devant l'ordinateur, son dos et ses cervicales lui faisaient toujours un mal de chien. Il avait la désagréable sensation de rouiller, comme une machine laissée au rebut. Peut-être qu'un tour de footing supplémentaire, le matin, arrangerait les choses...

L'assureur attendit encore quelques minutes puis poussa la porte du bureau. Les couloirs étaient véritablement déserts. Cela n'avait rien de surprenant. Il s'était habitué à quitter l'immeuble le dernier. Divorcé, il vivait seul depuis deux ans. Son ex-femme avait obtenu la garde de Stacy, leur fille unique. Personne ne l'attendait à l'appartement.

La minuterie du couloir s'éteignit.

Paul déglutit. Cette fille, cette Katherine Wells, avait bel et bien réussi à insinuer le doute dans son esprit. Il avait fait un petit tour sur le Web, histoire de jeter un œil sur des sites consacrés à l'océanographie et au « Cœur de l'océan ». Mais ces visites éclairs ne lui avaient pas appris grand-chose. Vers midi, il avait téléphoné à un ami policier pour qu'il fasse une rapide enquête sur la mystérieuse jeune femme. Renseignements pris, elle paraissait tout à fait digne de foi : 31 ans, diplômée de l'université de Woods Hole, auteur de plusieurs livres, consultante météo pour Deep Blue Dream depuis un an et demi, casier judiciaire vierge. Pourquoi raconterait-elle des bobards ?

Le bureau de William Bixby se trouvait à l'autre bout du couloir, 20 mètres plus loin. Et Bixby, aux dires de sa secrétaire, était parti avec femme et enfants pour quelques jours aux Bahamas. Paul fit volte-face, en proie à une soudaine inspiration. Il récupéra une clé USB, sortit de nouveau du bureau et, le cœur battant à tout rompre, se dirigea vers celui de son collègue. S'il voulait dénicher des documents vraiment confidentiels, il lui fallait enjamber les barrières de sécurité de l'Intranet. Le plus simple était encore de chercher directement les données à partir de l'ordinateur source, histoire de limiter le nombre de mots de passe.

La porte de Bixby s'ouvrit sans anicroche. Une moquette beige clair, comme les murs. Une plante verte. Un poster de Frederic Remington (des cow-boys défendant un point d'eau). Et, bien sûr, l'ordi, sur son poste de travail impeccablement rangé. Paul s'en approcha presque sur la pointe des pieds. Le sang tambourinait à ses oreilles. La sueur trempait son col de chemise. Il se faisait l'effet d'être Indiana Jones avançant vers l'idole dorée, au début des *Aventuriers de l'Arche perdue*. Le silence qui régnait sur tout l'étage avait quelque chose d'oppressant. Il se pencha vers l'ordinateur et l'alluma.

Une foultitude de fenêtres et d'icônes apparut, avec un dessin d'enfant en fond d'écran. Quelques clics. Menu principal. Documents... De temps en temps, Paul jetait un coup d'œil en direction des stores mi-clos qui donnaient sur le couloir. Rien à signaler.

Mais, lorsqu'il voulut ouvrir le dossier « Hamilton », la mention suivante apparut :

MOT DE PASSE REQUIS

Il jura entre ses dents. Même en évitant l'Intranet, il ne pouvait pas contourner l'ultime barrage. Pas de panique. Il savait que 90 % des gens choisissaient les éléments suivants comme password : 1 – Le prénom de leur femme (ou de leur maîtresse). 2 – Le prénom de leurs enfants. 3 – Le nom de leur chien, chat, hamster ou boa constrictor. 4 – La marque de leur voiture. Paul réfléchit. Comment s'appelait la femme de Bill ? Ils en avaient déjà discuté, deux ou trois fois, à la cafétéria. Cela se terminait en « ta »... Anita ? Non, non... Bixby la surnommait Bobbie, ou quelque chose dans le genre...

« Roberta ! » lâcha-t-il à haute voix.

C'était ça. Il en aurait mis sa main à couper ! Malheureusement, une seconde plus tard, l'écran afficha :

MOT DE PASSE REFUSÉ

Il essaya « Bobbie », sans plus de succès. Rester calme. Ne pas s'énerver. Son regard accrocha un petit cadre, posé sur le bureau. La photo de deux fillettes, des jumelles, à n'en point douter. Restait à savoir comment elles se prénommaient... Là encore, ils en avaient discuté avec Bixby, mais ce souvenir était flou, lointain. Il se lança dans une laborieuse énumération :

« Jenny ? Heu... Mary ? Carrie ? Cindy ? Bon... Geena, Cynthia, Frances, Phoebe, Julia, Paula... »

Pas de résultat.

Soudain, il réalisa qu'il avait la solution sous les yeux : le dessin naïf encadré et posé sur le bureau ! Le croquis en question représentait une sorte de maison (Paul supposa qu'il s'agissait d'une maison, car des ronds de fumée sortaient d'un ersatz de cheminée), surplombée par un soleil jaune vif. Au premier plan, des chevaux (ou des vaches ?) broutaient une herbe vert fluo. Sur le coin inférieur droit, une main hésitante avait inscrit : « Pour papa. Monica. »

Il tapa : « MONICA ».

MOT DE PASSE ACCEPTÉ

Des dizaines de sous-dossiers et graphiques en tous genres envahirent le pupitre virtuel de l'écran. Une « fiche technique » se détachait du lot, Paul l'agrandit :

PROJET « LE CŒUR DE L'OCÉAN »

CLIENT : Deep Blue Dream Inc, New York.

INGÉNIERIE

Mécanique : Benthos, Massachusetts. Western, Space and Marine, Californie.
Construction : Con Amalgam Inc, San Francisco.
Superviseur : Terence Granchester.

ARCHITECTES

Lamb, Bear, Manchu & associés, Boston.
Conception : Peter Lamont. Plans : Philip Manchu.
Administration : Denis C. Gwyot.

ÉLECTRICITÉ

Deep See Power & Lights, San Diego.
Éclairages externes : Halogen Mercury Iodine.

CONSEILLER TECHNIQUE

John Berg.

CONSEILLER HISTORIQUE

Walter Scotch.

Bingo !

Paul insérra sa clé dans une prise USB. Il sélectionnait les icônes qui lui semblaient les plus intéressantes, puis il les faisait glisser.

2 % lus... 10 %... 25 %...

Le transfert n'allait pas très vite. Les dossiers devaient être copieux.

40 %...

Dans le couloir, la lumière revint.

Le cœur de Paul s'arrêta. Que faire ? Stopper le téléchargement ? Non, c'était trop rageant ! Et s'il se faisait prendre les deux mains dans le pot de confiture… quelle excuse inventer ?

« Tu aurais dû penser à ça un peu plus tôt », se sermonna-t-il intérieurement.

50 %... 75 %...

« Allez, grouille-toi », chuchota-t-il à la machine.

Une sueur glacée lui picotait la nuque.

90 %... 100 %

TRANSFERT TER...

Sans attendre une seconde de plus, il retira la clé et éteignit l'écran. La lueur bleutée disparut aussitôt. Il se recroquevilla, caché derrière le poste de travail. L'ombre des stores imprimait des bandes noires sur celui-ci.

Paul jeta un discret coup d'œil. De l'autre côté de la vitre, une silhouette apparut en contre-plongée, découpée par la lumière crue des néons. Un homme. L'inconnu s'immobilisa quelques instants. Sa tête tourna mécaniquement à gauche, puis à droite, comme si elle était montée sur roulement à billes. Paul retint son souffle et disparut de nouveau derrière son abri improvisé. Cet homme… S'agissait-il de Sam, le gardien de nuit ? Pourtant, Sam quittait rarement l'accueil, au rez-de-chaussée… Alors ?

D'interminables secondes passèrent puis, à pas feutrés, la silhouette repartit comme elle était venue.

La minuterie s'éteignit. Lomat émit un gros « ouf » de soulagement et en fut tout secoué. Il laissa passer dix bonnes minutes avant de se décider à bouger de nouveau.

9

« Des saletés salement faites – Des saletés salement faites – Des saletés salement faites ! »

Les paroles de ZZ Top tournaient et retournaient dans la tête du tueur à gages, comme les pales du ventilateur collé au plafond de sa chambre.

À N'Djamena, la température descendait rarement en dessous de 40 °C. Wesson s'épongea le front. Il détestait cette chaleur, il détestait cette ville et, par-dessus tout, il détestait l'Afrique. Un cafard obèse cavalait sur la tapisserie défraîchie. Il l'écrasa.

Il avait loué un petit meublé depuis une semaine, ne sortait quasiment pas, se nourrissait de conserves apportées dans ses bagages et passait le plus clair de son temps l'œil rivé à son ordinateur portable, comme maintenant. L'écran était scindé en quatre fenêtres de dimensions égales, des images de couloirs en noir et blanc. Wesson avait installé les caméras trois jours plus tôt, en se faisant passer pour un technicien du prestigieux hôtel Continental. Il avait un physique de caméléon : ni beau ni laid, ni petit ni grand… juste un peu plus baraqué que la moyenne, sec, tout en nerfs. Visiblement, la sécurité n'était pas le point fort du Continental. On entrait dans ce palace comme dans un moulin. Le tueur allait écrabouiller son dixième insecte de la journée quand il vit, en haut à droite de l'écran, une porte s'ouvrir. Un grand Noir vêtu d'un peignoir sortait de la suite 312.

« *Yes !* » siffla Wesson.

Le général John Paul Kotto, 46 ans, s'était-il enfin décidé à profiter de la piscine de luxe mise à la disposition des clients de l'hôtel ? Wesson fit craquer ses phalanges, tel un pianiste avant un concert. Le général disparut de l'image lorsqu'il prit l'ascenseur puis réapparut dans une autre fenêtre quand il en ressortit.

Wesson saisit son fusil à lunette et se mit en position, à la fenêtre. Là, il attendit de longues minutes. La vue était assez jolie. Presque bucolique. Elle donnait directement sur les jardins du Continental, 50 mètres plus loin. L'écran de végétation était minimal, l'angle de tir parfait.

Wesson grimaça. Les effluves qui montaient de la rue agressaient son odorat délicat. Il réajusta son coude sur la tablette d'appui. Le fusil calé contre son épaule était devenu un prolongement de lui-même, une prothèse presque vivante. Rester calme. En paix. Faire un avec l'arme. Sa respiration se mua en une sorte de flux automatique, parfaitement régulé. Pas de précipitation.

Le général fit le tour de la piscine et jeta son peignoir sur une chaise longue, exposant une bedaine de quadragénaire bien nourri. Wesson ne le lâchait pas d'un centimètre, l'œil toujours collé au viseur.

« Oui, mon gros, c'est ça, continue… »

Une goutte de sueur lui piquait l'œil gauche ; il la chassa d'un battement de cils.

Kotto salua un groupe de filles – des blondes en maillot de bains deux-pièces, et s'avança sur le plongeoir. Un saut. Deux sauts. Des grimaces. Les poupées Barbie riaient à chacune de ses mimiques. Son visage emplissait entièrement le viseur de Wesson, qui avait un mal fou à suivre ses sauts de grenouille ridicules.

« Arrête de bouger une demi-seconde, Ducon ! »

Dans quelques instants, cet homme allait mourir. Peut-être avait-il refusé de faire parvenir une mallette pleine de fric à un puissant allié occidental. Peut-être s'était-il mis à dos un ponte de la CIA, du KGB ou du Mossad. Mystère. Dans le fond, Wesson s'en fichait. On le payait pour éliminer une cible, point à la ligne.

Il bloqua sa respiration.

Kotto rebondit pour la dernière fois sur le tremplin. Il resta brièvement suspendu dans les airs. Maintenant ! Bop ! Bop ! Retomba dans l'eau avec un bruit retentissant. Une auréole rouge foncé se matérialisa sous son ventre. Elle se déployait lentement, en corolle, comme les pétales d'une rose ténébreuse. Le corps du général flottait, sans vie, les bras en croix, pathétique.

Wesson rangea son fusil dans le double fond de la mallette prévu à cet effet. Amortisseur de recul. Crosse. Vis du pontet. Culasse. Ressort du percuteur. Chargeur. Toutes les pièces se démontaient automatiquement. Clac !

Autour de la piscine, un cercle de curieux se resserrait. Leur visage se décomposait, traduisant leurs pensées. À quel jeu le général se livrait-il, exactement ? Mais... et tout ce sang ?

Wesson referma l'attaché-case, sortit de la chambre, paya sa note puis monta dans le premier taxi venu. Tout cela en moins de deux minutes chrono.

« À l'aéroport. Dix billets pour toi si tu mets le turbo. »

Le chauffeur, un vieux Noir édenté, reçut le message cinq sur cinq. La voiture paraissait aussi fatiguée que son propriétaire ; elle bondit néanmoins, le moteur rugissant dès que le pied du conducteur s'écrasa sur l'accélérateur.

« Mission accomplie », grommela le tueur avec une pointe de fierté.

Ils n'avaient pas fait 100 mètres que, déjà, les premiers manifestants apparurent, avec banderoles et pancartes. Les grandes artères étaient pleines de monde.

« Merde », laissa échapper Wesson.

10

Mardi 10 avril. 08 h 30.

Murray Hamilton pénétra au pas de charge dans la salle de réunions du Deep Blue Dream Building. Démarche énergique, moue de bébé boudeur, c'étaient là des signes qui ne trompaient pas. Le Big Man allait pousser une gueulante mémorable ! Ses collaborateurs ouvrirent leur ordinateur portable, front baissé, genoux tremblants, comme une bande d'écoliers prêts à subir les foudres du professeur. Hamilton promena sur eux son regard de rapace et s'installa en bout de table. Sans crier gare, il brandit une brochure publicitaire, l'écume aux lèvres :

« Qu'est-ce que c'est que cette connerie ? »

Le document montrait un magnifique paquebot qui fendait les flots avec majesté. Un titre en caractères gras promettait : « *TITAN II*, une croisière que vous n'oublierez jamais ! »

« Ce... C'est le projet d'une firme concurrente, la Titan Forge Inc, bredouilla Horner, un jeune cadre au visage rubicond. Ils vont construire une réplique du *Titanic* et prévoient des traversées Southampton – New York à partir de 2014. Il est même question de faire un "arrêt nostalgie" sur les lieux du naufrage...

– Un "arrêt nostalgie" ? (Hamilton se tourna vers son conseiller juridique.) Bellami, est-ce qu'on peut leur coller un procès aux fesses ?

– Je ne pense pas, répondit l'avocat. Le *Titanic* n'est pas une marque déposée. Quant au site, il se trouve dans les eaux internationales. »

Le Boss écumait de rage contenue. Il avait mis près de dix ans à réunir les fonds, à convaincre le congrès, les banques, les investisseurs privés, l'office mondial de la protection de l'Environnement, l'institut international du nettoyage des fonds marins... Et tout ça pour quoi ? Pour se retrouver avec un *Titan II* sur les bras, un concurrent qui risquait de leur voler la vedette (sans parler des clients potentiels !)...

« Cela dit, je ne pense pas que leur projet nous fasse beaucoup d'ombre, reprit Bellami. Nous avons préparé une réplique publicitaire, n'est-ce pas, Walter ? »

Walter Scotch, un homme âgé, sec, aux yeux vifs, parcourut rapidement ses notes.

« Le *Titan II* n'est qu'un ersatz, un pis-aller, expliqua-t-il. En un siècle, les normes de sécurité ont évolué. Le nouveau modèle sera cloisonné tous azimuts, les coursives et les escaliers élargis. Fini, les grandes salles à manger, les hauts plafonds, risque d'incendie oblige. *Idem* pour les boiseries et les matériaux plastiques. À la place, on trouvera des fibres non combustibles, des alliages métalliques... L'ambiance 1900 va prendre du plomb dans l'aile. Sur le pont promenade, le nombre de canots de sauvetage doublera. Cela sera plus sûr, mais nettement moins joli. Les chaudières vont être changées au profit de moteurs diesels. L'appareillage électronique, les gaines d'air conditionné, les fils, les conduits et les tuyaux d'eau à haute pression obligent les architectes à rogner sur l'espace. Conséquence : à hauteur égale, le *Titan II* perdra deux ponts par rapport à son prestigieux prédécesseur. Les hublots ne seront pas au même endroit !

– Voilà notre "argument massue", enchaîna l'homme de loi. Vous pouvez faire toutes les croisières du monde sur une imitation, rien ne remplacera une soirée à bord du VÉRITABLE *Titanic* ! »

Hamilton parut se calmer. La démonstration de Scotch tenait la route. Il n'y avait peut-être pas de quoi paniquer, après tout...

L'écran mural situé en face du P.-D.G. se constella de zébrures, avant de laisser apparaître un homme en robe de chambre, les cheveux en bataille.

« Vous êtes en retard, Terry », grogna le Boss.

Terence Granchester étouffa un bâillement :

« Toutes mes excuses, Murray... Mais vous savez l'heure qu'il est à San Francisco ?

– Je m'en fiche. J'attends de mes collaborateurs qu'ils soient ponctuels. C'est la moindre des choses.

– Je vous prie encore une fois de m'excuser. »

Hamilton se rencogna dans le dossier de son fauteuil en bougonnant :

« Vous avez parlé à Berg et à son équipe ?

– Oui, ils m'ont fait leur rapport, hier.

– Nos petits soucis avec les accélérateurs linéaires ?

– C'est réglé.

– Les aimants de courbure ?

– Ils fonctionnent. Je vous assure que tout est OK, Murray. On a vérifié, revérifié, re-revérifié les données. Vous pourrez ouvrir le musée au public en toute sécurité samedi prochain.

– Bon. (Il fit pivoter son siège en direction du jeune Horner.) Et les invités, ça se précise ? James Cameron ?

– Indisponible. Il est en plein *Avatar II*...

– Kate Winslet ?

– Elle a décliné l'invitation.

– Dommage. DiCaprio ?

– Il viendra... à condition qu'on dise un ou deux mots de son dernier film durant le show. Son agent est intraitable sur ce point. »

Hamilton ne cacha pas son soulagement. De quoi auraient-ils eu l'air s'ils avaient inauguré « Le Cœur de l'océan » sans le héros du film qui avait remis le *Titanic* à la mode, quinze ans plus tôt ?

« Très bien, très bien. On parlera de son film, de son parfum, de sa ligne de vêtements, de tout ce qu'il veut… mais assurez-vous bien qu'il confirme sa venue ! »

Horner hocha la tête et consulta de nouveau son agenda électronique :

« Nous aurons également le plaisir de compter parmi nous M. Stirling Silliphant, 109 ans, le dernier survivant connu du *Titanic*.

– Bon pour l'image, ça. Très bon. Pourvu qu'il ne casse pas sa pipe avant samedi. »

Il y eut quelques ricanements. Le jeune cadre s'astreignit à sourire :

« Son petit-fils m'a transmis son dernier check-up médical. Ça devrait aller.

– Parfait. (Le regard du P.-D.G. bifurqua vers Bellami.) Mitch ? Rien d'autre ?

– Vous souhaitez toujours inviter cette journaliste, Vonda McCaffery ? Nous avons déjà convoqué CNN, CBS et HBO…

– Elle me plaît bien, celle-là, dit Hamilton. Elle a du tempérament.

– C'est vous le patron… Ah, au fait. (Il pianota sur son mini-clavier.) Nous avons reçu un e-mail de menace, ce matin. Un truc du genre "Nous ne laisserons pas le capitalisme triomphant s'implanter au fond des océans". C'est signé "Soleil vert".

– C'est quoi ça, "Soleil vert" ?

– Une organisation clandestine d'écolos. Ils ont revendiqué un ou deux sabotages mineurs dans le Middle West. On n'en sait pas plus.

– Dangereux ?

– Je ne crois pas. En tout cas, pas plus que les "Green warriors", "Free Willies", "*Titanic* guardians", "L'église de l'expiation finale" et nos autres détracteurs habituels. La liste est longue.

– Mouais, marmotta Hamilton. Si j'étais chef de la police, je vous garantis que je ferais un peu de ménage chez tous ces gauchistes attardés… »

Il se leva :

« Messieurs, merci. Excusez-moi, mais j'ai un emploi du temps assez démentiel. »

Fin de la réunion.

11

Terence Granchester coupa sa webcam, consterné. Pourquoi quelqu'un de sa classe devait-il se soumettre aux desiderata d'un rustre tel que Murray Hamilton ? Non, décidément, le monde ne tournait pas rond. Heureusement, Spota, son fidèle assistant, était toujours là, pilier de stabilité dans cet univers de cinglés.

« Spota ?

– Oui, monsieur.

– Vous avez bien fait poser les micros, chez Graham & Shusters ?

– Oui, monsieur.

– Et pour les Bahamas ?

– J'ai contacté une équipe sur place. Ils vont s'occuper de Bixby. »

Granchester opina, satisfait. Ses doigts tortillaient machinalement la chaînette dorée qu'il portait autour du cou.

« Des nouvelles de Wesson ? lança-t-il, les yeux dans le vague.

– Il semble bloqué à N'Djamena. Des émeutes, à ce qu'il paraît.

– Hum… Gênant. »

L'aristocrate en robe de chambre réfléchit quelques instants.

« Bon. Tant pis. Pas le temps de tergiverser. Dites à nos "amis" de la côte est qu'il est temps de passer à l'action. Je ne veux pas que la petite dinde nous gâche la fête. Elle va finir par nous porter la poisse avec ses élucubrations alarmistes.

– Très bien, monsieur.

– Ah, une dernière chose. Arrangez-vous pour que ça ait l'air d'un accident. »

12

« Monsieur Hamilton, votre fils souhaiterait vous dire deux mots. »

Le P.-D.G. leva le nez de ses dossiers et regarda sa secrétaire d'un air dubitatif. Nathan n'avait guère l'habitude de passer le voir à l'improviste.

« Qu'est-ce qu'il veut ?

– Il prétend que c'est personnel. »

Le Big Boss soupira, mais il était intrigué.

« Bon. Faites-le entrer. »

La porte s'ouvrit sur le jeune homme, un peu intimidé. Il portait une chemise à carreaux, un blouson et un jean déchiré.

« Tu sais que je n'aime pas quand tu t'habilles de cette façon, attaqua bille en tête Hamilton.

– De quelle façon ?

– Cette allure de clochard... Il faut que je te fasse un dessin ? »

Nathan ravala une réplique bien sentie. Il n'était pas venu jusqu'ici pour chercher la bagarre. Au contraire.

« Je... Je voulais te demander un truc.

– Je me disais aussi... Allez, assois-toi. »

L'adolescent obéit, visiblement mal à l'aise.

« Vous avez prévu quoi, pour la musique, samedi prochain ? questionna-t-il en se rongeant les ongles.

– Un orchestre de chambre. Cinq musiciens. Des bons, à ce qu'il paraît. En tout cas, je l'espère pour eux, vu leurs cachets !

– Et pour les jeunes ?

– Quoi, les jeunes ?

– Ne me dis pas qu'il y aura de la musique de vieux croûtons *toute* la soirée... »

Le grand patron consulta sa montre :

« Bon, écoute, je suis assez pressé alors ne perdons pas de temps et va droit au but. »

Le garçon prit une profonde inspiration :

« Je connais un groupe, IG 88 and the Assassins Droïds. Ils sont mortels. J'ai pensé que… les jeunes ont bien le droit de s'amuser eux aussi, non ? »

Hamilton fronça ses épais sourcils :

« IG 88 ? C'est quoi comme musique, ça ?

– Du néo-garbage. Y a rien de plus tendance, en ce moment.

– Ils sont vraiment bien ? Ce sont des amis à toi ?

– J'te jure que ce sont les meilleurs. Ils assurent grave. »

Le milliardaire émit un petit grognement amusé :

« Mouais… S'ils sont mortels et qu'ils assurent grave, alors, dans ce cas… je ne vois pas comment nous pourrions nous passer des services de jeunes gens aussi talentueux.

– C'est vrai ? T'es d'accord ?

– Arrange-toi avec John Zapruder. C'est lui qui organise le show.

– Je peux lui dire qu'ils sont spécialement recommandés par toi ?

– Si tu veux, si tu veux. C'était tout ce que tu avais à me demander ?

– Euh, ouais.

– Excuse-moi, mais j'ai pas mal de travail en retard. »

Nathan se leva en bredouillant :

« Oui, bien sûr, je… Je comprends. (Puis, après une seconde d'hésitation :) Pa ?

– Quoi, encore ?

– Heu… Merci. »

13

Paul et Katherine en étaient au dessert : une délicieuse tarte aux pacanes servie avec de la crème glacée. La jeune femme avait insisté pour qu'ils se rencontrent dans un lieu public. Aussi sec, l'assureur l'avait invitée à dîner dans un restaurant chic de Madison Avenue, le Sarabeth's Kitchen. Le décor était à l'image des plats : sobre et raffiné, style Nouvelle-Angleterre. Des murs crème, impeccables, un mobilier quaker en bois clair. La classe.

Le serveur apporta deux cafés. Paul fit place nette sur la table encombrée de papiers. Il avait imprimé le dossier « Le cœur de l'océan » la veille, tard dans la nuit, avant de le lire en diagonale. À première vue, rien de choquant. Le cahier des charges était respecté à tous les niveaux, y compris celui de la sécurité. Les rapports des différents consultants se recoupaient. Bon, en y regardant de plus près, on aurait sûrement trouvé quelques tours de passe-passe fiscaux, comme dans n'importe quel chantier de cette envergure, mais, en gros, il n'y avait pas de quoi fouetter un chat. Pour la partie technique, en revanche, Paul pataugeait complètement. Aussi avait-il apporté les courbes et les diagrammes à Katherine, dans l'espoir qu'elle les lui traduise. Elle s'était jetée sur ce nouveau matériau avec gourmandise, entre deux plats, tout en prenant une foule de notes. Elle avait ensuite entamé une série de calculs compliqués, griffonnant sur un carnet quand elle ne pianotait pas sur sa tablette électronique. Paul l'observait, fasciné. Des mèches blondes retombaient en cascade sur son front incliné. Elle paraissait totalement absorbée par ses équations. L'assureur se surprit à sourire. Depuis combien de mois n'avait-il pas déjeuné avec une jolie jeune femme ? Une éternité. Son boulot lui prenait tout son temps et il consacrait ses week-ends libres à sa fille Stacy. Pas vraiment l'idéal pour faire de nouvelles rencontres. Et puis il n'avait jamais essayé tous ces sites de rencontres. L'amour sur catalogue, il n'y croyait pas... Katherine suçota son stylet optique. Elle lui plaisait, impossible de le nier. Maintenant, ses craintes paranoïaques valaient-elles tout ce cirque ? Ça, c'était un autre problème.

« Alors ? risqua-t-il après quelques minutes de silence. Vous trouvez quelque chose ? »

Elle mordillait à présent l'articulation de son index, le regard toujours scotché sur les colonnes de chiffres :

« Si j'en juge par les relevés que vous m'avez apportés, il y a eu trois formations de cheminées thermiques, rien que l'année écoulée, au-dessus de la station... Enfin, deux et demi. La dernière n'est pas descendue à plus de 1 000 mètres. C'était une petite.

– Trois cheminées en moins d'un an ? C'est beaucoup, non ?

– Cela n'a rien de surprenant, au contraire. (Elle versa un peu de lait dans son café.) Vous savez comment on surnomme les bancs de Terre-Neuve chez les météorologistes ? "L'allée des ouragans" ! Ce coin est un véritable goulet à tempêtes. (Son doigt figura un tracé imaginaire entre les verres et les assiettes.) Vous voyez, elles remontent en suivant le Gulf Stream, comme cela, et terminent leur vie mouvementée dans la zone qui nous intéresse. On y trouve souvent des vagues impressionnantes, des vents de 150 km/h... »

Paul vida sa tasse d'une seule traite. Il avait du mal à saisir le problème et cela l'agaçait. Il fit le signe « temps mort » avec ses mains.

« Attendez une minute ! Vous me dites qu'au moins deux cheminées se sont faufilées jusqu'aux écrans, c'est ça ?

– C'est ça.

– Ce que vous redoutiez s'est donc déjà produit deux fois et il n'y a pas eu de pépin, je me trompe ?

– Vous ne vous trompez pas.

– Alors… au risque de passer pour le simplet de la fable… qu'est-ce qui cloche ? »

Elle farfouilla dans la paperasse :

« Ah, voilà… C'est ici. (Elle exhiba fièrement une série de tableaux surmontés d'une courbe graduée en degrés Celsius.) Des capteurs thermiques ont mesuré la température du courant vertical. Le 17 mai 2011 : 2,7 °C. Le 23 septembre 2011 : 2,3 °C. Et le 1er mars, il y a un peu plus d'un mois, 2,8 °C…

– La dernière en date, c'est celle qui n'est pas descendue au fond ?

– Oui… Jusqu'ici, les boucliers ont bien répondu. Mais que se passerait-il si une eau de 3 °C ou plus arrivait jusqu'au fond ?

– C'est possible ?

– En théorie, non. Ce sont les eaux denses, froides et salées qui glissent toutes seules vers le fond. (Elle ramena vivement ses mèches en arrière.) Ce que j'aimerais vous faire comprendre, c'est que l'océanographie possède encore de nombreuses zones d'ombre, comme toutes les sciences liées à quelque chose d'aussi fluctuant que la météo. L'ordinateur le plus puissant du monde ne peut pas faire de prédictions fiables plus de quarante-huit heures à l'avance. La météorologie englobe trop d'impondérables, de facteurs complexes, d'équations non linéaires ! Une multitude de phénomènes nous échappent. Saviez-vous que *tous* les courants du globe s'intensifient au voisinage de *tous* les rivages ouest des océans ? Pourquoi ? À cause du lit des vents, de la propagation des vagues, de la force de Coriolis ? Il y a sans doute un peu de tout cela, mais on n'est sûrs de rien à 100 %. Quant aux cheminées thermiques, alors là, on nage, si j'ose dire, dans le flou le plus total. À quel moment précis apparaissent-elles ? Peut-on prévoir quand elles vont s'arracher aux veines principales ? À quelle profondeur peuvent-elles s'enfoncer ? L'agitation moléculaire maintient leur température relativement constante, mais qu'en est-il de leur densité ? de leur salinité ? »

Paul paraissait un peu sonné, tel un boxeur après un round difficile.

« Je serais bien en peine de vous éclairer sur ce chapitre, très chère.

– Au contraire. Vous pouvez m'aider. J'ai besoin de preuves, de données plus précises. En tant que cadre chez Graham & Shusters, vous aurez accès à tous les secteurs sensibles de la station. »

Il hoqueta :

« Vous... Vous voulez me faire descendre à 3 800 mètres de fond ?

– Parfaitement. Dites-leur que vous faites une inspection de routine. Arrangez-vous avec votre patron. J'ai besoin de savoir ce que ces boucliers ont dans le ventre. »

Il se raidit instantanément :

« Holà, ne mettez pas la charrue avant les bœufs... Je ne peux pas court-circuiter Bill Bixby sur ce coup-là. C'est *son* dossier.

– Il est en vacances aux Bahamas, non ? De toute façon, inutile de compter sur lui. Il m'a déjà fait perdre un temps fou. Il refuse de me rencontrer, de lire ma thèse. Bizarre pour un assureur réputé consciencieux, non ? À mon avis, quelqu'un le paie pour fermer les yeux.

– Vous me l'avez déjà dit. Pourtant, ce n'est pas dans son intérêt de maquiller une catastrophe annoncée.

– Pourquoi serait-il mis en cause ? Il est blanc comme neige. Les rapports des experts sont unanimes : tout est OK. Je suis la seule à jouer la mouche du coche, à tirer la sonnette d'alarme ! Et personne ne veut m'entendre ! »

Sa voix chevrotait. Paul vit qu'elle était sur le point de fondre en larmes. Il hésita à lui prendre la main mais préféra finalement s'abstenir.

« Écoutez, Kathy, j'imagine à quel point cela doit être difficile pour vous, mais…

– Il y a des vies humaines en jeu, bon sang ! » le coupa-t-elle avec brusquerie.

Elle avait presque crié. Plusieurs clients les observaient du coin de l'œil, entre deux bouchées. « Ils doivent nous prendre pour un vieux couple qui se dispute », songea Paul.

« On ferait mieux d'y aller, soupira-t-elle en rassemblant ses papiers.

– Très bien. (Il fit signe au serveur.) L'addition, s'il vous plaît. »

Katherine rangea le dossier dans son sac.

« Je suis en voiture, annonça-t-elle de but en blanc. Je vous dépose ? »

14

Alex Kington, le guitariste du groupe IG 88 and the Assassins Droïds, posa l'énorme enceinte sur un coin de la scène. C'était un beau gosse, blond, bronzé, avec une dégaine athlétique de surfeur californien. Malgré ses jolis muscles, il suait à grosses gouttes. Ce fichu haut-parleur semblait peser des tonnes ! Ses copains T.J. et Mike, assignés respectivement aux claviers et à la batterie, se disputaient à l'autre bout de l'estrade. Alex n'avait pas besoin de tendre l'oreille pour deviner le sujet de cette nouvelle querelle. Ces deux-là passaient leur temps à comparer les mérites de tel ou tel nanar des années 1970, 1980…

« Le meilleur film de loups-garou est *An American Werewolf in London*, assura T.J. avec aplomb.

– Faux, répliqua Mike (surnommé ainsi en raison de sa ressemblance frappante avec l'acteur Mike Myers). Le meilleur, c'est le Joe Dante, celui avec Patrick Macnee et Dee Wallace.

– N'importe quoi ! Dans le John Landis, on voyait le type se transformer en entier !

– Peut-être, mais les effets spéciaux de Rob Bottin étaient hyper bien foutus pour l'époque. N'oublie pas que c'est lui a créé le monstre dans *The Thing*, quand même !

– Bah, de toute façon, pourquoi discuter avec un mec qui a *Piranhas* 2 dans son ordi.

– Hé, c'est le premier Cameron !

– C'est une croûte ! Très en dessous du Dante, et même du dernier, celui en 3D !

– Les mecs ! intervint Alex en claquant des mains. Quand vous aurez terminé, vous viendrez me filer un coup de main ? C'est lourd, ce truc.

– *No problemo*, senior Kington. »

Il était déjà 23 h 00. Le concert allait commencer dans moins de deux heures. À eux trois, les garçons réussirent à soulever l'enceinte sans difficulté. Ils la rangèrent provisoirement derrière la batterie de Mike. Alex jeta un regard à la salle, qui ressemblait à un grand hangar désaffecté. Ils avaient eu l'endroit pour rien, ou presque (ils devaient juste payer la facture d'électricité)... Tout ça grâce à Tina. Le guitariste sourit. Elle savait y faire, la petite, avec ses minauderies de lolita sortie d'un manga sexy.

« Quelqu'un veut une mousse ? lança T.J. en s'essuyant le front.

– Pas de refus.

– Yep. »

T.J. sortit trois bières d'une glacière en plastique, puis il les décapsula avec les dents. La mousse gicla. Les jeunes gens entrechoquèrent leurs canettes dans un grand éclat de rire.

« Au concert de cette nuit !

– Au concert !

– Au rock'n'roll !

– Et aux loups-garous !

– Yeah... »

Tina Wong arriva sur ces entrefaites, vêtue d'une minijupe et d'une chemisette nouée au niveau du nombril. Elle paraissait à la fois hilare et essoufflée :

« Ça y est ! claironna-t-elle en se jetant dans les bras d'Alex. J'ai réussi ! »

Elle fit mine de vouloir l'embrasser, mais il interrompit son élan en lui serrant la mâchoire entre deux doigts.

« Le petit naze a parlé à son papa ? s'enquit-il avec un sourire carnassier.

– Ouais. Et c'est d'accord ! Le vieux a marché ! Je vous l'annonce en exclusivité mondiale : IG 88 and the Assassins

Droïds se produira en concert pour l'inauguration du "Cœur de l'océan" ! »

Cette nouvelle fut saluée par de nouveaux cris, de nouvelles bières entrechoquées.

« Tu as bien travaillé, ma puce », murmura Alex en mordillant l'oreille de Tina.

Il écarta une mèche de cheveux noirs, révélant un petit tatouage sous le lobe de l'Eurasienne. Un soleil vert. Très beau logo. Très simple.

15

Katherine alluma le GPS de son tableau de bord avant de prendre le volant.

« Madison est bouchée, marmonna-t-elle en mettant le contact. Je vais longer l'East River. Ça vous va ?

– Très bien. »

Paul boucla sa ceinture. La petite voiture, un cabriolet rouge, se glissa sans difficulté dans le trafic new-yorkais, intense malgré l'heure tardive. Le pinceau des phares découpait la nuit électrique. Klaxons. Ronronnement des moteurs. Vrombissement du métro. Brouhaha des passants. Sirènes de police ou d'ambulance. Percussions sourdes sortant d'énormes « *sound machines* »... Le chant de la cité.

« Vous m'en voulez ? hasarda l'assureur en haussant le ton pour couvrir le vacarme ambiant.

– Non... Je ne tiens pas à vous forcer la main. »

Elle parlait sans le regarder, en fixant la rue. Il toussa :

« Hum... Heu, vous pensez que, éventuellement, on pourrait se revoir, tous les deux ? »

Elle eut l'air surprise et sa bouche s'ouvrit légèrement.

« Ma foi... Je ne sais pas...

– Je veux bien essayer de tirer les vers du nez de Bixby quand il rentrera des Bahamas, proposa Paul avec une précipitation maladroite.

– Pourquoi pas. Mais, je vous le répète, je ne veux pas vous forcer la main ou vous mettre dans l'embarras... En ce qui me concerne, je retourne au charbon demain matin.

– Ah ?

– Mon congé touche à sa fin. Je prends le bateau-navette réservé au personnel de la station. Il quitte le port à 08 h 00 et… »

Un éclair de panique apparut dans les yeux de la jeune femme. Sa bouche se tordit.

« Qu'est-ce qu'il y a ? s'inquiéta son passager.

– Les freins ! »

Elle grilla un feu rouge sans ralentir. Un taxi jaune pila net sur leur droite. Un coupé de luxe fit une embardée pour les éviter. Les coups de Klaxon et les insultes crépitèrent.

« Je n'ai plus de freins ! » hurla l'océanographe.

Elle appuyait frénétiquement sur la pédale. Sans succès. Un camion bloquait toute une file de voitures, droit devant eux. Elle donna un grand coup de volant. Le cabriolet monta sur le trottoir. Une borne d'incendie valdingua pour laisser jaillir un jet d'eau impressionnant. Les piétons se jetaient de côté en hurlant. L'un d'eux renversa l'étal d'un vendeur ambulant. Des tranches de pain, des saucisses, des frites grasses et du salami volèrent dans les airs.

« Attention ! » cria Paul.

Il se cramponna, le cœur au bord des lèvres. Boum ! La calandre percuta de plein fouet le présentoir d'un kiosque à journaux. Plusieurs revues se plaquèrent contre le pare-brise avant d'être arrachées par la vitesse. Katherine tourna à droite, dans la 97e rue, pour ne pas griller un autre feu. Ils passèrent en trombe devant un hôpital gris et laid. Au bout de la rue : les quais de l'East River. On pouvait déjà apercevoir l'un des piliers du Triborough Bridge.

« À gauche, bon Dieu ! gémit Lomat.

– On dirait que la direction me lâche aussi ! dit la conductrice d'une voix blanche. On va finir à la flotte ! »

Elle déboucla sa ceinture. Paul l'imita. Des pneus crissèrent sur leur droite, accompagnés par une nouvelle bordée d'injures. Dix mètres… Cinq… Deux… La petite voiture rouge défonça la barrière de sécurité puis bondit dans le vide. Katherine et son passager sautèrent en même temps, chacun de leur côté. Le cabriolet souleva un geyser monstrueux avant de disparaître dans les flots marron-vert en glougloutant, avec force bulles et remous. La tête de Paul creva la surface de l'eau en premier.

« Kathy ? Kathy ? »

Elle apparut à dix mètres de lui. Elle avait bu la tasse du siècle ! Il nagea dans sa direction. Un peu plus haut, un groupe de curieux commençait à envahir le quai.

« Vous n'êtes pas blessée ? demanda Paul inquiet.

– Ça peut aller… »

Il eut un sourire sans joie :

« Je crois que, finalement, je vais vous y accompagner, dans cette fichue station ! »

16

Vonda McCaffery fit pivoter son siège vers la caméra au viseur surmonté de la lumière rouge. Son texte défilait sur le prompteur situé dans l'axe de l'objectif.

« Nous recevons maintenant M. Robin Cox, pour son livre-événement *Les Nouveaux Trekkeurs*. (Elle se tourna vers son invité.) Bonsoir.

– Bonsoir, Vonda. »

Cox devait avoir dans les 40 ans. Buriné, style ex-baroudeur, il s'habillait de manière décontractée (jean, polo et veste de sport), même lorsqu'il passait à la télé, comme ce soir.

« Dans votre ouvrage, commença la journaliste, vous attaquez ouvertement les agences de tourisme.

– Une certaine frange seulement, précisa l'écrivain-reporter. Je ne m'en prends qu'à ce que j'appelle les "tourismes de l'extrême". Ces agences qui proposent toujours plus d'émotions fortes sous couvert d'authenticité.

– Les voyages auxquels vous faites allusion répondent pourtant à une demande du public... Peut-on encore, en 2012, se contenter du "tourisme à la papa" ? »

Cox contre-attaqua :

« Tout est une question de mesure. Pour ma part, je vois deux dangers dans ce type de démarche. Un : pour les consommateurs. Deux : pour l'environnement. Il y a eu des dizaines d'accidents ces dernières années. Tout le monde se souvient de ce milliardaire qui est mort en voulant imiter Alain Bombard ! Même équipé d'une balise radar et de tous les gadgets dernier cri, on ne s'improvise pas marin, tout seul, au milieu de l'océan. *Idem* pour ces gens qui s'attaquent à l'Himalaya, au Sahara ou à l'Antarctique sans l'expérience requise. »

– Pourtant, les agences font subir des tests à leurs clients, plaida hypocritement Vonda.

Jouer l'avocat du diable, c'était son boulot.

« Ces évaluations ne sont pas assez rigoureuses, expliqua Cox. Il n'y a pas de législation en vigueur dans ce domaine. Voilà ce que je réclame : des lois... Sinon, nous aurons encore plus d'accidents, plus de drames humains. Et il faut penser à l'environnement, également. L'homme a tendance à croire qu'il peut arriver n'importe où et plier la nature à ses besoins. Seulement voilà, chaque écosystème est un équilibre fragile. En multipliant les expéditions dans des endroits sauvages, on va faire fuir certaines espèces, modifier le territoire de chasse des prédateurs, briser la chaîne alimentaire. On a déjà vu le résultat dans ces réserves africaines où les agences ont mis en place leurs stages "Adam et Ève" ! »

La présentatrice du JT jeta un rapide regard en coulisses. Un assistant lui indiquait, par un geste explicite, que l'horloge tournait. Elle laissa Cox pérorer sur la biodiversité durant une ou deux minutes, puis elle enchaîna :

« Rangeriez-vous le projet de Murray Hamilton, "Le cœur de l'océan" dans ce que vous appelez le "tourisme de l'extrême" ?

– Parfaitement. Je n'ai pas les connaissances d'un océanographe, mais je serais bien étonné si l'implantation d'un tel complexe, à 3 800 mètres sous l'eau, ne bouleversait pas d'une quelconque façon les fonds marins du secteur. Oh, bien sûr, on ne remarquera peut-être pas les changements tout de suite. C'est assez significatif de la manière de penser actuelle : tout cela durera bien aussi longtemps que nous, après...

– Merci, le coupa Vonda, qui s'adressait maintenant directement aux téléspectateurs. Je vous rappelle à tous que je serai samedi soir en direct du "Cœur de l'océan" pour la grande soirée d'inauguration. (Puis, avec un clin d'œil :) On murmure que Leonardo DiCaprio sera dans les parages, lui aussi...

Donc, ne ratez pas ce formidable événement, samedi, sur Câble-News. Bonsoir. »

Le générique commença à défiler. Pendant que la journaliste et son invité se serraient la main, une voix off enthousiaste lança :

« Après la pub, la suite de votre grand feuilleton *Rendez-moi mon bébé* ! »

Le studio était entièrement automatisé. Les caméras revinrent sur leurs marques de départ alors que, côté plafond, les projecteurs glissaient sur des rails guides pour le « prélight » de l'édition de minuit, dont l'ambiance se voulait plus feutrée, tamisée.

« J'ai été comment ? demanda Cox avec une note d'anxiété dans la voix.

– Très bien », fit Vonda distraitement.

Son assistant n'arrêtait pas de lui faire des signes depuis tout à l'heure.

« Qu'est-ce qu'il y a ? rugit-elle, excédée.

– Le Boss veut te voir. »

« Entrez, Vonda. Entrez. »

Jack Attaway, le chef du service « infos », était un homme mince et grisonnant, ancien grand reporter. Les récompenses qui encombraient ses étagères témoignaient du prestige dont il jouissait au sein de la profession. En pénétrant dans son bureau, Vonda eut l'impression de régresser. Elle se revoyait, toute petite, convoquée chez le proviseur. Exactement la même sensation !

« Asseyez-vous, je vous en prie. »

Elle obéit, croisa les jambes puis tira un peu sur sa jupe, mal à l'aise.

« Vous vouliez me parler du reportage de samedi soir ? lança-t-elle d'un ton faussement badin.

– Non, à vrai dire, je vous ai convoquée pour une tout autre raison. Cela ne va pas être très agréable à entendre, mais il faut bien que quelqu'un vous l'annonce. »

Elle essaya de ne rien laisser paraître de son trouble. Intérieurement, l'angoisse la taraudait.

« J'ai fait quelque chose qui vous a déplu ? questionna-t-elle, sur la défensive.

– Non, pas du tout. Nous sommes satisfaits de vos services...

– Mais... ?

– Mais... »

Attaway ouvrit le premier tiroir de son bureau pour en sortir une chemise débordant de feuilles.

« Nous avons commandé une étude, poursuivit-il. Les résultats sont assez édifiants. Dans 81 % des familles, c'est le mâle, entre 30 et 60 ans, qui monopolise la télécommande. Dès que les gamins sont couchés, le palmarès des sélections est le suivant : action (32 %), violence (28 %), jolies filles (29 %), pornographie-érotisme (11 %)... La catégorie "jolies filles" se subdivise en plusieurs tranches : top-modèles (41 %), actrices (37 %), lolitas (13 %), femmes mûres (9 %)... »

La journaliste sentit son estomac se nouer. Elle commençait à comprendre où son patron voulait en venir.

« J'ai 49 ans et j'entre dans la dernière catégorie, c'est ça ? articula-t-elle, la gorge sèche.

– Oui, soupira le chef de l'info. Et sur la chaîne d'en face, vous n'êtes pas sans savoir que le journal est présenté par une minette de 25 ans.

– Qu'est-ce que vous allez faire ? gronda-t-elle. Engager un top-modèle à ma place parce que c'est ce que réclament 41 % d'abrutis ? »

Il haussa les épaules en signe d'impuissance :

« C'est terriblement injuste, j'en suis conscient, mais c'est la règle du jeu, vous la connaissez aussi bien que moi. Pour survivre, nous devons maintenir notre audience. Votre intégrité professionnelle n'est pas mise en cause, mais nos annonceurs pensent qu'une femme plus jeune pourrait doubler la…

– Notre rôle est de transmettre les infos ! s'écria-t-elle. Nous ne sommes pas là pour… pour…

– Calmez-vous, Vonda. Nous ne souhaitons pas nous passer de vos services. Vous avez une formation d'économiste, non ? Que diriez-vous de venir chroniquer "Wall Street", une ou deux fois par semaine ? »

Cette fois, elle sortit carrément de ses gonds :

« La Bourse ? Et pourquoi pas la météo des plages pendant que vous y êtes ? (Elle se leva, menaçant le Boss d'un index rageur.) Vous savez que je pourrais vous traîner en justice pour cela ! C'est de la discrimination pure et simple. Vous n'avez pas le droit de…

– Rasseyez-vous ! aboya Attaway. Votre contrat expire le mois prochain. J'ai parfaitement le droit de ne pas le renouveler. Je vous propose de sauver la face et de rester dans la maison. Rien ne m'y oblige. Alors changez de ton avec moi, ma petite. »

Elle se rassit, penaude. Après la colère, les larmes.

« Les annonceurs nous tiennent par là où vous savez, reprit le chef de l'info. C'est cruel, mais je n'y peux rien. La roue tourne. (Il lui tendit un mouchoir en papier.) Tenez. »

Elle essuya ses larmes et respira profondément. Il ne fallait pas que ses assistants la voient sortir du bureau dans cet état.

« Je… Je présente toujours la soirée "Le cœur de l'océan" ? fit-elle en ravalant un sanglot.

– Oui. On vous doit bien ça.

– Je peux disposer ? »

Il fit « oui » de la tête. L'espace d'une seconde, Vonda eut un flash. Elle se vit en train d'étrangler ce salopard, de lacérer ses joues avec les ongles, de crever ses yeux avec… L'image disparut, comme un mirage. Elle se leva, tourna les talons et partit en claquant la porte.

17

Mercredi 11 avril.

« Nous arriverons à New York, Kennedy Airport, dans deux heures, à 08 h 45 heure locale », annonça la voix monocorde du commandant de bord.

Wesson ouvrit un œil puis redressa légèrement l'appui-tête de son siège. Il s'était assoupi juste après le décollage. La fatigue prélevait son dû sur ses réserves d'énergie. Il n'avait pas beaucoup dormi ces derniers jours. Le souvenir des émeutes était toujours présent dans un coin de son cerveau. Des militaires stoppaient les voitures, surgissant à chaque coin de rue pour contrôler les papiers ! Et cette foule d'excités, avec leurs machettes... Il y avait eu de nombreux morts, du sang partout, et l'annonce de l'assassinat du général Kotto n'avait fait qu'ajouter à la confusion générale... Bilan : tout ce cirque avait retardé de vingt-quatre heures son départ ! Il avait bien cru qu'il n'arriverait jamais jusqu'à l'aéroport.

« Une boisson, monsieur ? s'enquit une jolie hôtesse blonde.

– Non, merci. »

Wesson bâilla deux fois de suite, frotta ses paupières alourdies de sommeil. Dire que maintenant il allait devoir affronter le décalage horaire... Heureusement qu'il était d'une constitution solide.

Son regard glissa vers l'extérieur, par le hublot. L'avion rasait une mer de nuages duveteux. Certains s'effilochaient au contact des ailes, comme de la barbe à papa. Il se mit à penser à ce chalet qu'il avait acheté l'année dernière près de Red City, dans le Maine. Un coin paumé, loin de tout. Exactement ce qu'il lui fallait pour recharger ses batteries entre deux contrats. Pas de radio. Pas de télé. Juste des bouquins, une vieille platine et une pile d'albums de hard-rock. Lorsqu'il était là-bas, le monde pouvait bien s'écrouler, il n'en avait cure. La solitude ne l'effrayait pas, au contraire. Un jour, lorsqu'il aurait assez d'argent, il se retirerait dans sa tanière une bonne fois pour toutes. Il chasserait, couperait du bois, distillerait sa propre gnôle. Et ainsi de suite jusqu'à la troisième guerre mondiale !

Ras le bol des contrats.

Deux heures plus tard, il était debout devant le tapis roulant, en train d'attendre ses bagages, quand son téléphone portable sonna. L'écran annonçait « Granchester ». Wesson fit la grimace. Ce type lui hérissait le poil, avec ses airs hautains, ses manières aristocratiques surannées. Il y avait quelque chose de visqueux dans son attitude, même lorsqu'il essayait de se montrer sous un jour affable.

« Bonjour, monsieur, dit simplement le tueur.

– Ah, Wesson… Enfin, j'arrive à vous joindre. J'ai une mission pour vous.

– Ah ?

– Une scientifique. »

Une femme. Wesson n'aimait pas ça. Sur la quarantaine de cibles qu'il avait exécutées, on ne comptait que deux femmes. D'ordinaire, il s'arrangeait pour esquiver ce genre de contrats.

« Où êtes-vous ? reprit Granchester, après une courte pause.

– Kennedy Airport.

– Hum. Dommage. Vous allez manquer la navette.

– Quelle navette ?

– Celle qui part dans vingt minutes pour le "Le cœur de l'océan". La cible travaille là-bas. Vous prendrez le bateau suivant, demain. On en affrète un par jour. Spota vous donnera une carte d'accréditation pour accéder au complexe. »

Wesson émit un grognement d'ours mal léché :

« Je n'ai pas encore dit que j'acceptais.

– 200 000.

C'était une belle somme. Wesson avait déjà tué pour quatre fois moins que cela… Mais, une femme…

– 300 000, lâcha-t-il en se disant "ça passe ou ça casse".

– Vous êtes gourmand.

– Je suis fatigué. »

Granchester resta silencieux, sa réponse suspendue entre ciel et terre. Après un laps de temps assez long, peut-être dix secondes, il déclara :

« D'accord. 300 000. »

Wesson n'en revenait pas : Granchester avait accepté sans même chercher à négocier ! Il devait sacrément en vouloir à cette fille, quoi qu'elle ait pu faire par ailleurs.

« Je veux un travail net et sans bavure, ajouta l'aristocrate.

– Vous ai-je habitué à autre chose ?

– Non, effectivement. C'est pour cela que j'accepte vos tarifs délirants. Spota vous donnera un dossier avec toutes les infos nécessaires sur la cible. Étudiez-le bien. »

Le tueur se laissa aller à sourire, malgré un profond sentiment de lassitude :

« Ne vous inquiétez pas. Je suis quelqu'un de consciencieux. »

18

Paul Lomat attendait devant le bureau de Sam Shusters depuis une bonne demi-heure. S'il voulait lui parler, il devait l'intercepter dès le matin. Une fois la journée commencée, il se révélerait difficile, pour ne pas dire impossible, de coincer son patron et ami. Paul faisait partie de l'aventure « G & S » depuis la création de la société. Les débuts difficiles, la chasse aux clients, puis les premiers gros contrats, il avait connu tout cela. Shusters l'appréciait et lui avait très vite proposé de devenir associé à part entière. Paul avait accepté. Le cofondateur de Graham & Shusters était l'archétype du drogué du travail. Il supervisait 12 dossiers en même temps, naviguait entre les étages comme un électron fou, carburait au café et pouvait enchaîner jusqu'à 20 rendez-vous sans prendre le temps de souffler !

Paul eut une pensée pour Katherine. À vrai dire, depuis deux jours, elle occupait une place non négligeable dans son esprit. La veille, la police les avait interrogés, juste après leur bain forcé dans l'East River. La voiture serait repêchée dans le courant de la semaine. L'océanographe croyait à un sabotage plutôt qu'à un incident mécanique, mais elle avait convaincu Paul de garder le silence sur cette hypothèse. Sans preuve tangible, ils n'iraient pas bien loin. Elle souhaitait par-dessus tout retourner dans les plus brefs délais au « Cœur de l'océan » pour y achever son enquête. Paul la rejoindrait dès que possible… s'il arrivait à convaincre Sam Shusters.

Les deux battants de l'ascenseur s'ouvrirent en coulissant. Le patron jaillit dans le couloir. Petit, énergique, avec des lunettes à monture d'écaille, un jean et une chemise de bûcheron à gros carreaux. Il ressemblait plus à un vendeur de pizzas qu'à un manager de haut vol.

« Tiens, Paul ! Qu'est-ce que tu fais là ?

– Je peux te parler deux minutes ?

– Deux minutes, alors. Mais pas plus... »

Ils entrèrent dans la salle de réunions, vide à une heure aussi matinale. Le premier geste de Shusters fut d'aller à la machine à café.

« Un cappuccino, Paul ?

– Non merci.

– Alors ? Qu'est-ce qui te tracasse ? »

Le gobelet en plastique tomba et commença à se remplir. Lomat avala sa salive à grand-peine :

« C'est au sujet du dossier Hamilton.

– "Le cœur de l'océan" ?

– Je crois que toutes les conditions de sécurité ne sont pas réunies. »

Le front du petit homme se plissa.

« Attends... Ce n'est pas Bixby qui est en charge de ce dossier ?

– Si, mais enfin... (Il baissa le ton.) J'ai un informateur, chez Hamilton, qui pense que Bixby a fermé les yeux sur certaines choses. »

Le patron lui lança un regard franchement hostile.

« Qu'est-ce que c'est que ces salades ? Tu torpilles les copains dans le dos, maintenant ? Ça ne te ressemble pas.

– Écoute, ça ne m'amuse vraiment pas de court-circuiter Bixby, mais je t'assure que je suis sérieux.

– C'est vague.

– Tu ne trouves pas bizarre que Bill soit parti en vacances, juste avant l'inauguration ?

– Bah... Il a bossé comme un dingue ces derniers mois. Il a bien mérité un peu de repos. »

Shusters porta le gobelet à ses lèvres, s'assit et posa les pieds sur la grande table en acajou. Paul prit le siège en face de lui.

« Tes accusations sont très graves, tu sais ? marmonna Shusters en buvant son café à petites gorgées.

– Je sais.

– Qu'est-ce que tu attends de moi, exactement ?

– Téléphone à Hamilton. Dis-lui que tu m'envoies là-bas pour une petite visite de routine. Pas la peine de dramatiser. J'ai juste besoin d'une accréditation.

– Hum… Tout cela ne me dit rien qui vaille. »

Paul s'éclaircit la gorge :

« Allons, Sam, tu me connais. Je bosse ici depuis dix ans ! Depuis le début de la boîte ! Tu crois que j'inventerais un truc pareil si je n'avais pas des soupçons sérieux ? »

Shuster soupira :

« Désolé, vieux, mais je ne peux pas faire ça à Bixby. Je le connais depuis aussi longtemps que toi et je n'ai jamais eu à me plaindre de ses services. »

On frappa à la porte.

« Quoi ? » grogna le patron.

Une voix féminine, entrecoupée de sanglots, ânonna :

« Oh, monsieur Shusters… C'est terrible… Un terrible accident…

– Entrez, Marcia. »

Une secrétaire d'une cinquantaine d'années, le maquillage détrempé par les larmes, pénétra dans la salle de réunion.

« Qu'est-ce qui se passe, Marcia ?

– C'est M. Bixby, commença-t-elle. On a reçu un coup de fil ce matin. Il… se baignait, avec sa femme et ses filles… Et il y a eu ce… ce bateau à moteur ! Oh, mon Dieu ! Il l'a heurté avec son hélice ! Mme Bixby et les petites n'ont rien mais William, enfin… M. Bixby ! (Elle éclata de nouveau en sanglots.) Il a été déchiqueté ! Le bateau a pris la fuite… »

Les entrailles de Paul se transformèrent en bloc de ciment solide. Sam Shusters se tourna vers lui, le visage sombre :

« Tu as le feu vert, mon vieux. »

19

Wesson avait trouvé un hôtel pas trop cher, à l'angle de Cooper et St Mark's Street. Il évitait les palaces autant que les bouis-bouis, dans la mesure du possible. Un établissement de standing moyen, passe-partout, discret, c'était ce qu'il lui fallait. Il avait toujours eu un faible pour Greenwich Village, l'un des rares quartiers de New York à avoir gardé une dimension humaine. Il s'était fait monter un plateau-repas et une bouteille de Jack Daniel's vers midi et demi. Après le déjeuner, la chape du sommeil avait pesé sur lui de tout son poids. Inutile de lutter. Couché sur le dos, les mains derrière la tête, il s'était laissé glisser tout doucement dans un état de semi-conscience parfait pour la méditation. La télé diffusait ses programmes ineptes en sourdine, juste assez pour couvrir le flot de décibels qui montait de la rue. Il rêvait. Pour être plus précis, il rêvait qu'il rêvait. Des images tourbillonnaient dans son crâne, comme les gros flocons qui tombaient dru, l'hiver, dans le Maine. La neige immaculée. Le chalet. La forêt. Les pommes de pin qui craquaient sous les roues du 4 × 4. Le feu dans la cheminée.

Combien de personnes devrait-il encore abattre pour que ces visions disparates deviennent sa réalité quotidienne ? Combien en avait-il déjà liquidé ? Il ne savait même plus le chiffre exact. Quarante-quatre ? Quarante-cinq ? Beaucoup, ça, c'était certain. Suffisamment pour lui fermer à tout jamais les portes du paradis. Saint-Pierre – si toutefois ce dernier existait ! – allait lui rire au nez le jour où il se pointerait là-haut, la gueule enfarinée. « Non, non, mon vieux. Vous vous trompez d'adresse. Vous, c'est l'enfer, direct. Y a pas photo. Vous l'avez bien cherché, non ? »

Ouais, il l'avait bien cherché, et ce poids devenait lourd à porter, avec les années.

Toc, toc, toc.

Le corps du tueur se tendit comme un ressort. Sa main droite se referma instantanément sur la crosse du pistolet automatique caché sous l'oreiller.

« C'est moi, Spota. »

Wesson relâcha ses muscles.

« C'est bon. »

L'assistant de Granchester entra. Wesson lui jeta un regard dénué d'aménité. Il ne l'appréciait pas plus que son patron. Tel maître, tel valet. Ils avaient l'air aussi coincés et faux culs l'un que l'autre.

D'un signe du menton, le tueur à gages désigna un paquet dans les bras du sous-fifre :

« Qu'est-ce que c'est que ça ?

– Votre costume d'ouvrier. (Il avait appuyé sur le mot "ouvrier" de manière méprisante.) Je pense qu'il est à votre taille. Essayez-le avant ce soir. Je le ferai retoucher si nécessaire. Et ce badge magnétique, c'est votre accréditation.

– Trop gentil à vous. Autre chose ?

– Il y a du nouveau pour le contrat. Vous avez deux cibles, à présent.

– Deux ? »

Wesson s'était électrisé d'un seul coup. Spota s'amusa de sa surprise avec un petit sourire en coin :

« Je vous ai apporté le dossier de la cible n° 2. (Il sortit une clé USB de la poche intérieure de son veston.) Un agent d'assurances. Quarante ans. Pas très dégourdi. Il ne devrait pas vous causer de difficultés. »

Le mercenaire secoua la tête avec un rire plein d'amertume :

« Hé là, hé là, pas si vite, mon joli... Deux cibles, cela fait deux contrats. Donc : deux fois plus d'argent.

– M. Granchester ira jusqu'à 500 000.

– Je ne fais pas les prix de groupe. 600 000.

– 500 000 ou nous annulons tout. À prendre ou à laisser. »

Le visage de Wesson était impénétrable.

500 000 dollars ! Assez pour la retraite définitive s'il parvenait à faire fructifier son fric judicieusement. Il connaissait un trader en vue. C'était jouable.

« D'accord », cracha-t-il d'un air mauvais.

Spota déposa le paquet et la clé USB. Il allait sortir quand il se ravisa :

« J'ai toujours voulu vous demander… Wesson ? Pourquoi ce pseudo, car j'imagine qu'il ne s'agit pas de votre vrai nom, n'est-ce pas ?

– Au FBI, ils s'appellent tous Smith. Moi, j'ai choisi Wesson.

Spota hocha la tête en souriant.

– Satisfait ? Alors maintenant, fichez-moi le camp, dit le tueur. J'aimerais bien être un peu tranquille. »

20

Stirling Silliphant chaussa ses lunettes. Le hunier qu'il tenait entre ses doigts tremblants était l'une des pièces les plus fines de sa maquette, la *Lydia*, une magnifique frégate anglaise des années 1800. Un point de colle. Et voilà ! Il ne lui restait plus qu'à placer le bras de vergue et le petit perroquet.

Ding, dong.

« Maria, voulez-vous aller ouvrir, s'il vous plaît ?

– Tout de suite, monsieur. »

La domestique disparut dans le vestibule. Dix secondes plus tard, elle revint avec un homme d'une quarantaine d'années, les cheveux gras, bouclés, les traits mous.

« Bonjour, grand-père. »

Le vieillard leva les yeux de son modèle réduit, presque à contrecœur.

« Ah, bonjour, Daniel. »

Il ne paraissait pas vraiment enthousiasmé par la visite de son petit-fils.

« Je peux m'asseoir ? demanda ce dernier.

– Oui, bien sûr. (Il indiqua la banquette carmin, près de la fausse cheminée avec sa bûche en plastique.) Vous pouvez nous laisser, Maria. Merci. »

La Mexicaine hocha la tête et sortit du salon. Une antique pendule de style rococo carillonna, brisant le silence qui s'était installé entre les deux parents.

Le centenaire prit une expression butée :

« Je te préviens tout de suite, si tu es encore venu pour me parler de ce… ce "Poumon de l'océan"…

– "Le cœur de l'océan", grand-père.

– C'est la même chose. Cela ne m'intéresse pas ! Je te l'ai déjà répété cent fois. Je ne veux plus en entendre parler.

– Mais… enfin, pourquoi cet entêtement ? »

Stirling Silliphant durcit ses traits :

« Construire un musée sur les lieux même du naufrage… Je ne trouve pas ça bien, tu comprends ? Des gens sont morts là-bas. Tes arrière-grands-parents. Des centaines d'autres personnes ! Pourquoi ne les laisse-t-on pas reposer en paix ? (Il parut soudain deux fois plus vieux, détrônant sans peine Mathusalem dans *Le Guiness des records*, et dit :) Dieu a voulu que le *Titanic* repose au fond de l'océan, loin des hommes. Nous n'avons pas à défier la volonté du Tout-Puissant… »

Daniel hésita. Il cherchait ses mots :

« Heu, écoute, grand-père. J'ai… J'ai déjà donné mon accord à M. Hamilton et…

– Quoi ?

– Laisse-moi finir. Il est très gentil, je t'assure. Il veut juste honorer la mémoire des victimes. Tu dois venir, c'est indispensable. En plus, il m'a promis un poste là-bas.

– Ah, je vois… »

Son petit-fils se leva. Sa voix exprimait un mélange de désarroi et de colère :

« Tu me mets dans une situation impossible ! Pourquoi ne penses-tu pas aux autres, pour une fois ? Tu sais ce que signifie ce job pour moi ! Cela fait plus de deux ans que je cherche un travail… Tu ne comprends donc pas ? Si j'ai ce poste, je pourrai enfin rembourser mon crédit et toutes mes dettes ! Maureen ira à l'université ! (Il se pencha vers le vieillard, en essayant sans grand succès de retrouver son sang-froid.) Tu ne veux pas empêcher ton arrière-petite-fille de faire des études, n'est-ce pas ? À moins que tu souhaites rester le seul membre de la famille à avoir "réussi" ? Le "self-made-man" légendaire, parti de rien, qui a gravi un à un les barreaux de l'échelle sociale ! Je me trompe ? »

Stirling baissa le regard, accablé. Le coup avait porté.

« Bon… Très bien. Tu peux dire à ton Hamilton que je viendrai à ce… cette fête. »

Des images terribles défilaient dans sa tête : la nuit, le froid, un océan de ténèbres, les corps des naufragés, et puis sa mère, emportée par la foule. Il avait l'impression de signer un pacte avec le diable en personne. Une peur primale macérait dans son ventre, mais sa raison protestait : « Non, impossible, l'histoire ne peut pas se répéter. » Ne disait-on pas que la foudre ne frappe jamais deux fois au même endroit ? La technologie avait fait des progrès en un siècle. Des progrès prodigieux ! Il avait beau être plus que réservé quant à l'éthique de ce projet, « Le cœur de l'océan », il devait bien admettre que Murray Hamilton avait accompli là une réalisation remarquable.

Et pourtant, une petite voix cachée dans le tréfonds de sa conscience ne cessait de répéter : « Ils n'ont rien compris. Ils défient la nature une seconde fois. Ils vont tous mourir. Et toi aussi, tu périras, si tu participes à cette mascarade… Cette fois, tu périras. »

DEUXIÈME PARTIE

LE CŒUR DE L'OCÉAN

« *Nous voici* [...], *tournant autour du* Titanic *comme si c'était un parc d'attractions, nous cognant un peu partout, lorgnant avec des yeux ronds sur l'ampleur du désastre et refaisant l'histoire. Nous sommes des voyeurs. Nous regardons l'épave de ce grand navire comme si nous étions au zoo. Les* Mir[2] *ont rendu tout ça aussi facile qu'une ballade en voiture. Mais nous ne devons pas oublier que le* Titanic *est une épave dangereuse dans un endroit dangereux. Et je pense qu'il est en train de se lasser de nos pitreries.* »

John Bruno, membre de l'expédition *Titanic* menée par Cameron en 1995

---

2 - John Bruno fait ici allusion aux sous-marins du bateau russe, le *Keldysh*. C'est à partir de ces submersibles que James Cameron a réalisé la plupart des plans qui ouvrent son film, *Titanic*.

21

Jeudi 12 avril. 12 h 50.

Le petit navire glissait sur l'eau presque aussi vite qu'une voiture de course. L'extérieur de l'appareil évoquait une sorte de gros rasoir électrique aux flancs carénés, avec un cockpit central et des hublots sur les côtés. L'intérieur ressemblait plutôt à un jet privé : rangées de sièges, tablettes inclinables, hôtesses et stewards… La cabine passagers, d'une capacité de 40 places, était à moitié vide. On y trouvait autant de cadres que de techniciens. Ces derniers avaient déjà enfilé leur combinaison de travail.

Un vidéoprojecteur suspendu au plafond diffusait un film… *Titanic*, évidemment ! Sur l'écran situé en bout de cabine, Rose et Jack, de l'eau jusqu'au cou, essayaient d'ouvrir une grille métallique qui leur barrait le passage. Et l'eau montait, montait…

Paul Lomat enleva ses écouteurs. Il avait déjà vu la superproduction de Cameron, comme tout le monde ou presque. C'était un chouette spectacle, d'accord, mais il n'avait jamais vraiment compris le délire collectif qui avait accompagné sa sortie en salles. Il était allé voir ce film avec sa petite amie de l'époque, une étudiante en droit qui n'arrêtait pas de lui casser les oreilles avec Leonardo DiCaprio. « Tu ne trouves pas qu'il est quand même très, très beau ? » répétait-elle, les yeux brillants. Cela avait le don d'exaspérer Paul au plus haut point. Et puis, ces films catastrophe… On devinait toujours tout à l'avance, *a fortiori* dans le cas du *Titanic* ! Lui, il préférait les westerns. Chacun son truc.

Il se pencha vers son hublot individuel. Dehors, un ciel gris déteignait sur l'océan, parsemé çà et là de quelques moutons d'écume. De l'eau, partout, à perte de vue. L'assureur réprima un frisson. La perspective de se retrouver à près de quatre kilomètres sous la surface ne l'enchantait pas vraiment. Mais que n'aurait-il pas fait pour les beaux yeux de Kathy ? Elle l'avait appelé, la veille, et s'était montrée enthousiaste à l'idée de sa venue. Les responsables du "Cœur de l'océan", en revanche, n'avaient pas l'air emballés. Ils s'étaient cependant bien gardés d'opposer un refus à la requête de Sam Shusters. Après tout, officiellement, il ne s'agissait que d'une petite inspection de routine…

Les minuscules haut-parleurs placés sous les coffres à bagages grésillèrent.

« Nous arriverons à la verticale du « Cœur de l'océan » dans une dizaine de minutes, annonça le capitaine. Préparez-vous pour le transbordement. »

Paul détacha sa ceinture. Son voisin immédiat, un technicien en bleu de travail, se tourna vers lui.

« Pas mécontent d'arriver, hein ? dit-il avec un sourire bizarre.

– Pas mécontent », confirma Lomat.

Ce type lui faisait une drôle d'impression. Le bas de son visage souriait mais son regard exprimait autre chose, un mélange de calcul et de froide détermination. Il aurait même juré que, par moments, cet homme lui jetait des coups d'œil à la dérobée au lieu de suivre le film.

« Allons, se sermonna-t-il en son for intérieur. Ne commence pas à flipper sinon tu vas voir des espions partout. »

La paranoïa de Kathy devenait-elle contagieuse ?

22

Le bateau navette accosta sur un quai flottant, installation faite de tubulures entrecroisées et de rampes d'accès qui rappelait une plateforme de forage. La houle était forte. Néanmoins, une fois posé le pied sur le treillis métallique, on avait vraiment l'impression d'arpenter la terre ferme. L'énorme construction ne bougeait pas d'un pouce. Une odeur de gazole mélangée à l'air marin se dégageait de tout le dock d'appontage.

Cadres et techniciens débarquèrent en file indienne avec leurs petites valises, leurs sacs de voyage. Le visage fouetté par le vent et les embruns, les yeux plissés, Paul Lomat projetait un regard candide autour de lui. Une véritable flottille allait et venait dans les environs. Il y avait de gros bateaux à coque renforcée mais aussi des navires de moindre tonnage, ravitailleurs ou câbliers, des yachts, des barges grises et laides... On aurait dit l'armada du 6 juin 1944.

Une voix sortie de nulle part le fit sursauter.

« Francis Tanaka.

– Hein ?

– Je m'appelle Francis Tanaka. »

Un petit bonhomme se tenait sur sa gauche, apparemment indifférent aux bourrasques gorgées d'eau salée. La trentaine, de type asiatique, comme le laissait supposer son patronyme, avec ce sourire de professionnel, celui des gens qui travaillent dans les relations publiques.

« Heu, enchanté. Paul Lomat. »

Il serra la main tendue par le nouveau venu.

« Bienvenue, monsieur Lomat. C'est moi qui suis chargé de vous guider dans nos installations. (Il dut hausser le ton, car le vent gagnait en intensité.) Si vous avez besoin de quoi que ce soit, n'hésitez pas à me le demander…

– Merci. C'est fort aimable à vous. Désolé de m'imposer, comme cela, au dernier moment.

– Nous comprenons. Pas de problème. Nous avons appris pour votre collègue, M. Bixby. Un effroyable accident.

– Effroyable, oui », grinça Paul.

Tanaka se tourna vers les employés qui attendaient stoïquement, auprès de leurs bagages, debout dans la tempête.

« Les travailleurs du secteur G-12, s'il vous plaît ! »

Des techniciens en bleu de travail s'avancèrent.

« Suivez-moi », dit Tanaka à l'adresse du groupe.

Ils contournèrent un grand pont plat destiné à accueillir des hélicoptères et se dirigèrent à l'autre extrémité du dock, où se découpait la silhouette de massifs portiques. Une demi-douzaine de sous-marins jaune fluo, gros comme des minibus, reposaient sur une série de charpentes en métal épousant la forme de la coque. Le logo de Deep Blue Dream était peint au pochoir sur leur flanc. Le pare-brise de proue semblait fait d'un verre incroyablement épais derrière lequel on distinguait une silhouette en combinaison orange. Le pilote, sans doute.

« Voilà nos Mini-Subs, expliqua le guide. Ils font la liaison avec "Le cœur de l'océan". »

Paul fronça les sourcils.

« Vous allez faire descendre vos invités là-dedans ? »

Il avait du mal à imaginer les stars de cinéma, les hommes politiques et le reste des convives entassés dans ces drôles de coquilles jaunes. Tanaka fit « non » de la tête sans cesser de sourire.

« Les Mini-Subs sont pour les employés. Les invités prendront l'ascenseur panoramique. (Il désigna le caillebotis sous ses pieds.) Nous sommes juste à la verticale de la station. 49° 56' 38 ouest par 41° 44' 01 nord, exactement. »

Ils empruntèrent un escalier rétractable qui menait à l'écoutille d'accès. Paul agrippa un volant métallique tout humide avant de se glisser dans l'ouverture. Quelques contorsions plus tard, il était rejoint par l'Asiatique et les dix ouvriers. À l'intérieur des submersibles, l'espace vital se réduisait au minimum. Une porte coulissante communiquait avec la cabine de pilotage, à peine plus grande qu'un placard à balais. Une autre porte donnait sur un mini-sas de plongée. Il fallait baisser la tête si on ne voulait pas se cogner. Des câbles et des tuyaux de toutes tailles saillaient des parois, au milieu d'un bric-à-brac de fils électriques reliés entre eux par du ruban adhésif, bricolage digne de la défunte station *Mir* !

Les dix hommes se faisaient face, assis sur des bancs latéraux, cinq de chaque côté, serrés comme des sardines. Ils avaient rangé les bagages sous leurs jambes pour gagner un peu de place. Personne ne parlait. Les techniciens paraissaient accoutumés à cette procédure.

« Heureusement que je ne suis pas claustrophobe », songea Paul.

Son regard croisa brièvement celui de l'employé assis en face de lui. Il reconnut son voisin de la navette. L'homme en bleu de travail. Toujours cette expression en demi-teinte. Ce type l'observait avec autant d'intensité qu'un rayon X.

Une secousse ébranla l'engin. Un ronronnement sourd, un bruit de câble qui se dévide. Nouvelle secousse.

« Accrochez-vous, annonça Tanaka en tapotant les genoux de son invité. La grue va nous larguer. »

Paul allait dire quelque chose mais, sans transition, son estomac bondit jusque dans sa gorge. Ses fesses décollèrent et…

« Aïe ! »

Sa tête venait de heurter le plafond. Il se plia en deux au moment où la coque rencontrait les vagues.

« Ça va ? questionna Tanaka.

– Oui, oui, grommela Paul. Ça surprend. C'est tout. »

Il se sentait idiot. Le roulis lui donnait mal au cœur. Il devait bien y avoir des creux de deux mètres dehors ! Un arrière-goût de bile envahit sa bouche et il dut retenir un hoquet nauséeux. L'eau clapotait contre le hublot. Il pivota juste à temps pour voir que le Mini-Sub s'enfonçait, très lentement. Un vibrato de moteur électrique emplit tout l'habitacle. Le bleu de l'océan, d'abord très clair, vira progressivement au bleu foncé.

Puis ce fut l'obscurité.

23

Il y eut un grésillement. L'éclairage intérieur s'enclencha. Paul demanda à Tanaka :

« La descente dure combien de temps ?

– Une heure et demie. C'est plus rapide que l'ascenseur. »

Un technicien barbu précisa, un brin amer :

« Oui, mais dans l'ascenseur, ils ont bar, vidéo, musique, baie vitrée à 360°. Alors que nous… »

Des craquements, des grincements bizarres se firent entendre. L'assureur sentit les poils de sa nuque se hérisser.

« Hum, ce n'est pas… Enfin, il n'y a jamais d'accidents, n'est-ce pas ?

– Oh non, ne vous inquiétez pas.

Puis, avec un ton narquois :

– On a passé la phase délicate, l'"interface".

– L'interface, c'est le moment où le sous-marin flotte, compléta le barbu. Le réseau électrique est sous tension, en contact avec l'eau. Si quelque chose doit clocher, c'est généralement durant ces petites secondes avant la plongée. »

Paul hocha la tête d'un air entendu. Il n'était qu'à moitié rassuré et reporta son attention sur le hublot. Le pilote avait dû allumer ses phares à présent : il voyait un grand vide gris à la place d'un grand trou noir. Une sorte d'anguille auréolée d'une blancheur presque phosphorescente vint se cogner contre la vitre de 20 centimètres d'épaisseur. Elle cligna des yeux puis s'éloigna en ondulant, et les ténèbres l'avalèrent.

La descente continuait, inexorable. Une chute sans fin au milieu du néant, ponctuée par des bruits sinistres, comme si la coque se trouvait prise dans un étau géant, une presse hydraulique qui l'écrasait progressivement.

Paul avait beau se répéter qu'il ne s'agissait que d'une manœuvre quotidienne, banale même, l'angoisse lui grignotait le cerveau. Les autres passagers ne semblaient pas partager sa nervosité. Les ouvriers somnolaient, lisaient ou écoutaient de la musique, impavides, mp3 branché sur les oreilles. Tanaka mettait à jour son agenda électronique, consultait des notes et des dossiers, s'accordant quelques brèves pauses pour rêvasser. De temps en temps, il donnait un coup de coude à son invité et montrait un poisson bizarre ou un banc de vers luminescents.

Les minutes s'écoulaient. Le Mini-Sub donnait toujours l'impression de tomber comme une pierre. Allait-il finir par toucher le fond ?

Paul se mit à penser à Kathy. Une fois dans la station, il devrait faire semblant de ne pas la connaître. L'océanographe avait été formelle sur ce point. D'après elle, on ne pouvait se fier à personne. Il fallait éviter d'attirer les regards trop curieux. Ils trouveraient bien un moyen de se parler.

Subrepticement, le sommeil gagna Paul. Il était parvenu à reléguer ses craintes à l'arrière-plan de sa conscience. Ses paupières se fermèrent et il se laissa sombrer avec une certaine volupté. Il ne rêva pas.

Ce fut le froid qui le réveilla.

« On gèle ici, constata-t-il en ouvrant un œil.

– Le chauffage est en panne, reconnut Tanaka. Mais, ne vous inquiétez pas, nous arrivons. Regardez ! »

Paul jeta un œil par le hublot. Oublié, le froid. Oubliée, la peur. Le spectacle qui s'offrait à lui le figea d'étonnement.

Le « Cœur de l'océan », éclairé par ses centaines de projecteurs HMI[3], ressemblait à une ville illuminée. Il y avait les deux dômes, bien sûr : c'était la première chose que l'on remarquait.

3 - *Halogen Mercury Iodine* : projecteurs très utilisés au cinéma. Certains modèles sont spécialement conçus pour les prises de vue sous-marines.

Illuminés de l'intérieur, ils avaient quelque chose de féerique, comme ces boules que l'on agite pour voir la neige virevolter. Des Mini-Subs dansaient un ballet à la fois étrange et gracieux autour d'eux. Leurs phares, minces pinceaux de lumière, s'entrecroisaient, fouillant les ténèbres inlassablement.

« Pas mal, hein ? » s'enquit le guide.

Paul, incapable de parler, ne réussit qu'à acquiescer en agitant le menton.

De plus près, la station évoquait une gigantesque pieuvre de métal, un monstre endormi dans les profondeurs de la nuit, ou bien quelque complexe spatial établi sur une planète étrangère. Ses coursives de liaison semblaient ventousées au sol sédimentaire gris, sans rochers.

Paul déglutit, de plus en plus impressionné. Il avait bien vu des photos, des maquettes, mais il ne s'attendait pas à un tel choc.

Un gros pilier vertical, la colonne de l'ascenseur panoramique, s'élevait au centre du dispositif. On n'en voyait pas le haut. Derrière cette tour de Babel futuriste, on découvrait une masse sombre, entourée de milliers de débris. Paul se remémora la simulation en images de synthèse, au début du film de Cameron. Il s'agissait de la poupe du *Titanic*, réduite en bouillie, après une chute à plus de 60 km/h ! Un couloir circulaire ceinturait cette zone. Des robots longs et plats comme des planches de surf ratissaient le fond. Leurs bras articulés remuaient la vase en quête d'objets oubliés. Les précieuses reliques étaient ensuite rangées dans un petit panier placé sous leur ventre.

« Ce sont nos ROV télécommandés, dit Tanaka en interprétant le regard interrogateur de l'assureur. Leurs trouvailles sont restaurées par électrolyse avant d'être exposées dans notre musée. Je vous montrerai tout cela. »

Décrivant un ample arc de cercle, le Mini-Sub contourna l'hôtel Olympic et son vaste bouclier moléculaire pareil à une coupole de verre zébrée çà et là par des éclairs d'énergie bleutés. Incroyable ! Et ce n'était pas le plus beau…

« Je… J'arrive pas à y croire », bredouilla Paul, la gorge serrée par l'émotion.

Le sous-marin de poche rasait le sol, à présent. Il glissa le long du dôme voisin, derrière lequel se dressait une colossale muraille de métal riveté. La proue du *Titanic*.

La section avant du paquebot avait été entièrement restaurée sur près de 140 mètres de long. Les ponts en teck, les canots de sauvetage encore accrochés à leurs bossoirs, la timonerie, la passerelle de commandement… Tout était là, en parfait état, comme si le navire venait de sortir des fameux chantiers Harland & Wolff ! On pouvait imaginer sans peine les élégantes flânant sur le pont promenade, les enfants courant, une main sur leur casquette pour qu'elle ne s'envole pas, les sportifs sortant du gymnase, heureux à l'idée d'aller se délasser dans le bain turc du pont F, les stewards papillonnant de transat en transat ou l'opérateur activant la « lampe-morse » tribord, à la tombée de la nuit… Pour l'heure, les seules personnes présentes étaient les ouvriers et la seule lumière visible, les crépitements stroboscopiques de leurs postes à souder. Ils avaient redressé deux cheminées sur quatre, ainsi que le nid-de-pie de la vigie, sur le gaillard d'avant. C'était à cet endroit précis qu'un jeune homme nommé Frederick Fleet avait aperçu l'iceberg fatal, le 14 avril 1912, à 23 h 40.

Un siècle plus tard, le palace flottant renaissait.

« Mon Dieu, murmura Paul. C'est… magnifique. »

Tanaka et les autres passagers s'amusaient de son émerveillement.

« Ça fait toujours ça, la première fois, dit l'Asiatique avec un haussement d'épaules. Après, on s'habitue. »

Ils se dirigeaient à présent vers un immense bâtiment qui avait quelque chose d'un coquillage marin. Des pilotis de dix mètres de haut supportaient l'édifice.

« Hum, pourquoi cette forme étrange ? demanda Paul.

– À cette profondeur, on évite les angles, les arrêtes. Il faut offrir le moins de prise possible à la pression. »

Rasant toujours le sol, le sous-marin de poche vint se placer sous le « coquillage ». Ses turbines soulevaient des tourbillons de sédiments dans son sillage. Paul perçut un choc, une vibration puis une série de bruits métalliques curieusement réverbérés, entrecoupés de chuintements.

« On peut y aller », dit Tanaka.

Il se leva (il pouvait, lui, tenir debout sans se cogner !) et commença à tourner le volant de l'écoutille d'accès.

24

Ils pénétrèrent dans une sorte d'antichambre. L'air était toujours aussi froid, saturé d'humidité. Le guide tapa quelques chiffres sur un panneau de contrôle. Il y eut le « ka-clang » du déverrouillage hydraulique puis, comme par magie, la porte étanche coulissa.

Une fois de l'autre côté, la température remonta nettement. Le comité d'accueil était constitué d'une haie de vigiles en uniforme gris. L'un d'eux, le crâne rasé, le teint mat, se détacha du groupe. On pouvait lire le nom de « Martinez » cousu sur la poche extérieure de sa combinaison. Il n'avait pas l'air commode et aurait pu jouer le « sergent-instructeur-dur-à-cuire » dans un film de guerre sur l'entraînement des marines…

« Bonjour monsieur Tanaka, lança-t-il d'un ton roide. Puis-je voir les cartes d'accréditation de ces messieurs ?

– Bien sûr. »

Paul et les techniciens sortirent leur passe. Martinez fit la collecte et vint se placer sous un laser bleu-vert qui tombait du plafond. Ensuite, un par un, les passagers du Mini-Sub furent fouillés par un garde équipé d'un gadget aux allures de compteur Geiger. On inspecta avec minutie leurs vêtements et leurs sacs sans que l'alarme ne se déclenche une seule fois.

« Tout est en règle, vous pouvez y aller », dit le chef des vigiles en redistribuant les cartes.

Les ouvriers se dispersèrent. Le portable du guide sonna.

« Oui, ici Tanaka.

– Monsieur Tanaka, monsieur Zapruder a besoin de vous au grand salon.

– Très bien. Dites-lui que j'arrive. (Il leva les yeux sur son protégé.) Puis-je vous abandonner quelques minutes, monsieur Lomat? »

Paul acquiesça :

« Certainement.

– On vous a réservé une chambre à l'hôtel Olympic. N° 83. Vous vous en souviendrez?

– Je pense, oui.

– Prenez le couloir est. Vous allez traverser le grand hall. Continuez toujours tout droit. L'Olympic est au bout. Vous ne pouvez pas le rater. Je vous fais monter un plateau-repas?

– Non, merci. Je n'ai pas très faim. Je crois que je vais juste poser mon sac et prendre une douche.

– Très bien. J'en profite pour régler une ou deux affaires, puis je passe vous prendre, OK?

– OK. »

Paul s'engagea dans la coursive indiquée. Le caillebotis de métal résonnait sous ses pas. Les parois étaient blanches, aseptisées et, d'une certaine manière, il en fut déçu. Inconsciemment, il s'attendait à évoluer dans une sorte de monde baroque, style *Nautilus*, avec des murs à gros écrous, des boiseries, et le capitaine Nemo jouant de l'orgue au détour d'un couloir. Au lieu de cela, il avait l'impression de marcher dans un décor à la *Star Trek*! C'était bien moins romantique que *Vingt mille lieues sous les mers*!

Des lampes ovoïdes suspendues tous les dix mètres dispensaient une lumière tamisée. Sur les côtés, à intervalles réguliers, d'épaisses portes blindées portaient l'écriteau « Capsule d'évacuation ». Entre chacune de ces portes, des hublots permettaient d'admirer le paysage marin. Paul s'arrêta une seconde devant l'un deux. Un technicien de maintenance regardait quelque chose, à l'extérieur. Paul s'attendait à apercevoir l'un des étranges poissons des profondeurs. Il n'en vit aucun. En revanche, il s'étonna de distinguer la silhouette pataude d'un homme en scaphandrier qui ramassait les étoiles de mer albinos tapissant le lit sédimentaire.

« Des scaphandriers autonomes à cette profondeur ? lâcha Paul, incrédule.

– Oui, confirma le technicien. Chaque homme dispose de son champ de protection, avec un petit générateur intégré. C'est la même technologie que celle des boucliers moléculaires mais appliquée à l'échelle individuelle. L'écran est tellement fin qu'on ne le distingue pas de là où nous nous trouvons. Il faut vraiment être tout près pour le voir. »

Les Mini-Subs glissaient silencieusement au-dessus de l'homme, au gré de leur chorégraphie imprévisible.

Paul remercia le technicien pour les renseignements et reprit son chemin. Il ne tarda pas à déboucher dans le grand hall central. L'ascenseur panoramique occupait la majeure partie de l'espace disponible. Des ouvriers s'affairaient dans tous les coins. Des vitrines abritaient des objets surgis du passé, la plupart encore frappés du logo de la White Star Line[4] : vaisselle, argenterie, accessoires divers, éléments de décoration en plus ou moins bon état. On pouvait même voir la carte du restaurant des premières classes, à peine jaunie par le temps. Sur la couverture, deux femmes représentant l'Europe et la Colombie se donnaient la main au-dessous d'une étoile blanche scintillante.

Paul passa un nouveau poste de sécurité grâce à sa carte magnétique. Il emprunta une coursive, jumelle de la précédente, sur près de 400 mètres, avant de s'engager dans le sas donnant accès à l'intérieur du dôme ouest. À sa gauche et à sa droite, deux autres portes étaient ornées de l'avertissement « Anneau d'entretien – Interdit aux personnes non autorisées ». Une fois le sas franchi, Paul put voir à quoi ressemblait

4 - La compagnie maritime propriétaire du *Titanic*... jusqu'à son naufrage dans les eaux internationales.

l'anneau de l'extérieur : ce tunnel circulaire en béton entourait l'hôtel Olympic et servait d'assise au bouclier moléculaire.

Paul leva les yeux et fut une fois encore émerveillé. D'en dessous, le dôme ressemblait à un parapluie bleuté... Enfin, un parapluie géant ! Sa partie la plus élevée devait bien atteindre 50 mètres ! L'assureur se sentit minuscule tout à coup. Dire que, de l'autre côté de cette coupole, une pression inimaginable s'exerçait ! Il frissonna. Il valait mieux ne pas trop réfléchir à tout cela.

Il gravit une volée de marches, salua un groom posté sur le perron puis pénétra dans le hall d'accueil, très classique pour un établissement de luxe : beaucoup de plantes vertes, un parquet luisant, des dorures... Il s'avança vers le guichet derrière lequel se tenait un homme d'aspect guindé.

« Bonjour. Je m'appelle Paul Lomat. Une chambre est réservée à mon nom. La 83, je crois.

– C'est exact, monsieur. La 83. Huitième étage. Avant de vous donner votre clé, puis-je voir votre carte d'accréditation ?

– Bien sûr. Tenez. »

Décidément, il n'avait pas intérêt à perdre cette carte.

« Parfait. Tout est en ordre. Je vous fais appeler le service d'étage ?

– Ça ira. (Il montra son sac de voyage.) Je n'ai que ça.

– Très bien, monsieur. Je vous souhaite un excellent séjour parmi nous.

– Merci. »

Il s'éloigna et s'engouffra dans un ascenseur.

La chambre n'était pas très grande. On avait cherché à compenser ce manque de place relatif par un soin tout particulier apporté à la déco, dans le plus pur style Empire. Il s'agissait sans doute d'une réplique des cabines du *Titanic*. Paul n'étant pas un spécialiste de la question, il ne put deviner si on l'avait mis en première ou en deuxième classe. En tout cas, le téléviseur et l'ordinateur se révélaient complètement anachroniques. Pas besoin d'être historien pour s'en rendre compte ! Son regard s'arrêta quelques instants sur la petite toile accrochée au-dessus de la table de nuit. C'était une reproduction d'un tableau de Ken Marschall sur lequel on voyait l'Olympic (le frère jumeau du *Titanic*[5]) voguer vers un chatoyant coucher de soleil. Posés bien en évidence en travers du lit, il découvrit un peignoir « Deep Blue Dream » ainsi qu'un lot de souvenirs : savonnettes et parfum *Titanic*, jeu de cartes postales, figurines pour les enfants, ainsi qu'un DVD *Le cœur de l'océan : la renaissance d'un rêve*.

« Hum, ils ne savent plus quoi inventer », murmura l'assureur pour lui-même.

Il se déshabilla et prit une douche, expérience qui se révéla moins agréable que prévu : à deux reprises, l'eau chaude se coupa brutalement puis revint à pleine puissance, manquant de peu de l'ébouillanter. Apparemment, la plomberie n'était pas encore tout à fait au point.

« Pour un établissement de ce standing, ça craint », rumina Paul en s'essuyant.

L'interphone sonna.

« Ici Francis Tanaka. Je vous attends dans le hall de l'hôtel.

– Très bien. Je m'habille et j'arrive. »

---

5 - Au début du XXe siècle, on construisait les grands paquebots en double, par mesure d'économies. *L'Olympic*, le *sister-ship* (les bateaux sont féminins, en anglais) du Titanic, fut entièrement « révisé » après la catastrophe de 1912. Il navigua plus longtemps que son tristement célèbre jumeau puisque sa carrière prit fin dans les années 1930.

25

Paul et son guide s'engagèrent dans la coursive ouest moins de cinq minutes plus tard. L'assureur avait pris soin d'apporter sa tablette électronique avec lui.

« Vous souhaitez voir certains secteurs en particulier, monsieur Lomat ? s'enquit Tanaka.

– Ma foi… Faites-moi la visite complète. J'avoue que je suis curieux de comprendre comment fonctionnent les boucliers, par exemple. »

Tanaka se fit soupçonneux :

« Vos patrons ont des craintes au sujet de nos systèmes de sécurité ?

– Non, s'empressa de répondre Paul. On m'a demandé de tout vérifier parce que c'est la procédure standard. Rien de plus. »

Le petit homme hocha la tête. Ils passèrent devant un couloir en construction, sur leur droite.

« Qu'est-ce qu'ils font ici ? questionna l'invité.

– Nous édifions une salle de cinéma géante. Dôme Imax, projection 3D, son numérique… Le top du top.

– C'est pour projeter le *Titanic* de James Cameron ?

– Pas seulement. Nous prévoyons aussi d'inclure dans notre catalogue des documentaires conçus spécialement pour ce genre de salle. »

Ils franchirent un poste de sécurité tout en discutant. Dans le grand hall, les techniciens s'échinaient toujours autour de l'ascenseur géant.

« Nous avons quelques pépins mécaniques avec cet engin, déclara le guide, anticipant la question que son hôte n'allait pas manquer de poser. Juste un petit problème qui concerne le système hydraulique. Rien de grave.

– Il vaudrait mieux que tout soit réparé pour l'inauguration, non ?

– Tout sera prêt. Nos équipes travaillent jour et nuit pour cela. »

Paul n'insista pas mais prit quelques notes sur son écran tactile.

« Par ici, monsieur Lomat. Couloir sud. Je vais vous montrer la poupe du navire. Vous allez voir, c'est très intéressant. »

Ils entrèrent dans une nouvelle coursive semblant sortir du même moule que les précédentes. L'assureur remarqua des petits boîtiers noirs, incrustés régulièrement dans le plafond, parmi un méli-mélo de câbles et de tubulures.

« Qu'est-ce que c'est que ça ?

– Des filtres à gaz carbonique. On les change régulièrement.

– Hon, hon. (Il opina, pensif, puis montra une des portes qui donnaient sur les capsules d'évacuation.) Et ce truc, comment ça fonctionne ? »

Tanaka enclencha l'ouverture. Quatre rangées de sièges, des gilets de sauvetage et, apparemment, aucun poste de pilotage. L'Asiatique récita :

« Les ballasts se vident automatiquement dès qu'on a refermé le sas. L'engin remonte tout seul, sans pilote. On peut tenir à 20 dedans. Nous en avons installé 30 par couloir.

– Donc 120 au total.

– Oui, de quoi évacuer largement les clients et le personnel. Il était hors de question de reproduire l'erreur des concepteurs du *Titanic*... Dire qu'ils n'avaient pas prévu assez de canots de sauvetage. C'est incroyable quand on y pense de nos jours ! »

Au bout du corridor, un barrage de vigiles les attendait. Lorsqu'ils eurent expédié les formalités d'usage, Paul grommela :

« C'est plus surveillé que Fort Knox, ici.

– M. Hamilton a une peur bleue de l'espionnage industriel. Il faut le comprendre. Nous avons eu une ou deux mésaventures, par le passé. Je vous raconterai. »

Ils débouchèrent sur une coursive circulaire aux hublots plus grands que dans les précédentes.

« Tenez, regardez, monsieur Lomat. »

L'assureur s'approcha de l'une des vitres en Plexiglas renforcé et ouvrit de grands yeux. La partie arrière du *Titanic* reposait, massive, au fond de l'eau, sur une zone mollement ondulée à la manière de petites dunes sahariennes. Ce pan de l'épave devait bien mesurer dans les 80 mètres. Le champ de débris semblait s'étendre à perte de vue. Les ROV téléguidés fouillaient sans relâche la vase, triant objets et morceaux de charbon éparpillés.

« Quelle désolation ! lança Paul, estomaqué. À mon avis, vous pouvez toujours vous accrocher pour restaurer ça.

– Ce n'est pas dans nos intentions, confirma Tanaka. Les dommages sont en effet trop importants. La partie arrière était encore remplie d'air lorsqu'elle a coulé à pic. L'eau qui envahissait ces compartiments a tout comprimé et a provoqué l'implosion. Le toit du salon fumoir de troisième classe a été arraché. L'impact avec le sol a replié les ponts les uns sur les autres, en accordéon, et la carène a explosé.

– Quelque chose m'intrigue...

– Quoi donc ?

– La poupe. Elle pointe vers le nord, dans la même direction que la proue...

– Effectivement. Durant sa chute, l'arrière a décrit un arc de cercle de 180°. Ceci explique cela... Venez, je vais vous montrer autre chose. »

Tanaka entraîna Paul vers une sorte de box, un renfoncement dans la paroi de titane, avec un siège inclinable vissé au centre de l'alvéole.

« Installez-vous, je vous en prie. »

Paul obéit. Une console-sonar lui faisait face, juste sous le hublot. Le guide désigna deux manchons cylindriques, de part et d'autre de la console.

« Glissez vos bras là-dedans. Lorsque l'on met dix dollars dans la fente, ici, un des ROV passe en "mode manuel" et on peut prendre la main, si j'ose dire. »

Il joignit le geste à la parole. Aussitôt le billet avalé, un écran s'alluma. Amusé, Paul enfonça ses bras dans les deux tubes flexibles, terminés par des gants brillants.

« Vous êtes le ROV n° 6 », annonça une voix synthétique sortie de nulle part.

L'assureur mit quelques secondes à repérer « son » robot.

« Pour freiner et accélérer, utilisez les pédales sous vos pieds. Pour aller à droite ou à gauche, inclinez le buste dans la direction souhaitée. Les bras articulés du ROV reproduisent exactement vos mouvements. »

Paul appuya sur une pédale. Les turbines du n° 6 démarrèrent. L'écran de contrôle était scindé en deux parties de taille inégale. La première (les deux tiers de l'image) montrait le point de vue du robot, grâce à une mini-caméra incorporée. La seconde (le tiers restant) mettait en scène un point lumineux clignotant qui évoluait au milieu d'autres points multicolores. La console émettait un « bip-bip » régulier. Tanaka regardait son protégé avec malice. Ce dernier, après quelques tâtonnements, commençait à comprendre le système.

« Quel est le but du jeu ? demanda-t-il sans détacher les yeux de son écran de contrôle.

– Vous pouvez explorer l'épave. Ou bien essayer de ramasser des objets...

– Et si on y arrive ? On les emporte à la maison ?

– Non... Le robot repasse en mode "auto" et range la prise dans son panier ventral. Les reliques du *Titanic* sont réservées à notre musée. En revanche, si vous attrapez un morceau de charbon, vous avez le droit de le garder. »

N° 6 avait jeté son dévolu sur une bottine dont le talon dépassait de la vase. Paul essayait de la saisir, mimant chaque geste avec ses avant-bras, mais la manœuvre était loin d'être évidente.

« Vous êtes vraiment bon, fit Tanaka, sincère.

– Bah, je n'ai pas grand mérite. Ce truc ressemble beaucoup aux jeux vidéo de ma fille, dit-il tout en gardant un œil sur la manipulation.

– Vous jouez souvent ?

– Bien obligé. Sinon, je me fais traiter de ringard. »

Soudain, l'écran s'éteignit.

« Ajoutez dix dollars pour continuer », claironna la voix préenregistrée.

Paul secoua la tête en se levant :

« Hum, je ne suis pas encore assez accro… En tout cas, c'est amusant. Les gosses vont adorer.

– Nous espérons bien. Suivez-moi, je vous emmène au quartier général. »

26

Deux postes de sécurité plus tard, ils entrèrent dans le gros bâtiment du bloc est, surnommé le « coquillage ».

« Nous montons directement au dernier niveau, dit Tanaka en appuyant sur le panneau de commande de l'ascenseur, c'est là que se trouve la salle de contrôle. Puis nous redescendrons étage par étage pour continuer la visite. »

Paul sentit ses oreilles bourdonner lorsque la cabine s'éleva. Il déglutit pour rétablir la pression dans ses tympans. Les portes s'ouvrirent sur une salle nimbée d'une lumière crépusculaire, entre chien et loup. De vastes baies vitrées ceinturaient la pièce. Celle-ci rappelait un peu une tour de contrôle, similitude encore accentuée par l'omniprésence des écrans de radars, consoles et ordinateurs de toutes sortes. Un nombre égal d'hommes et de femmes en tenues assez décontractées étaient assis derrière ces écrans. Ils analysaient, triaient et répertoriaient les données transmises par leurs machines avec une patience de bénédictin.

Tanaka balaya l'espace d'un ample geste de la main.

« Nous contrôlons tout depuis cet endroit, révéla-t-il. Pression, température, électricité, boucliers… Des kilomètres de câbles, une installation comprenant des centaines de milliers de cartes électroniques. »

Il baissa le ton d'un cran :

« Il y a un an, un technicien a dérobé cinquante de ces cartes. Eh bien, cela a suffi à tout bloquer pendant trois semaines…

– Elles étaient si difficiles à remplacer ?

– Oh que oui ! Même si on avait réussi à les identifier, il aurait encore fallu recalibrer les appareils. Un coût de plusieurs millions de dollars. Heureusement, le voleur a fini par avouer où il avait caché le matériel. Depuis, les mesures de sécurité ont été renforcées et ce genre de mésaventure est impossible. »

Ils s'approchèrent d'une console où officiait une jeune femme noire, très belle, les cheveux courts, des lunettes accrochées à une chaînette pendouillant sur la poitrine. Elle devait carburer au café, si l'on se fiait aux gobelets froissés qui débordaient de sa poubelle de bureau.

« Je vous présente Pam Johnson, dit le guide. Pam, voici M. Lomat, qui travaille pour notre compagnie d'assurances. »

Ils échangèrent une poignée de main cordiale.

« L'œil de Moscou, hein ? » plaisanta la technicienne.

L'assureur émit un petit rire de gorge. C'était généralement de cette manière que les gens percevaient son travail.

« On peut voir ça comme ça, dit-il. Et vous, quel est votre job ? »

Tanaka répondit avant l'intéressée :

« Mlle Johnson s'occupe de la surveillance des boucliers. Cela devrait vous intéresser.

– Ça consiste en quoi, au juste ? » s'enquit Paul.

Pam tapota du doigt son ordinateur, où s'alignaient des colonnes chiffrées :

« J'ai l'œil sur une multitude de choses. Quatre détecteurs par bouclier m'envoient en permanence des informations sur les aimants de courbure, l'angle de diffusion de l'énergie, les rayonnements… »

Lomat se mordit la lèvre, déjà perdu :

« Comment ça fonctionne ?

– Hum… Si vous n'êtes pas de la partie, c'est assez compliqué à expliquer. En schématisant à l'extrême, disons que nous créons des faisceaux de particules, avec un laser, en arrachant des électrons à des atomes de rubidium. »

Paul prenait des notes à toute vitesse sur sa tablette.

« Et ces instruments, là ? questionna-t-il en montrant une série d'appareils complexes.

– Ils enregistrent la salinité, la température et la pression de l'eau aux abords du champ d'énergie. Le palpeur, ici, mesure le courant de turbidité et le gravimètre s'occupe des variations de gravité.

– Il y a des variations à 3 800 mètres sous l'océan ?

– Oui, bien sûr, même si elles sont infimes. Nous devons tenir compte des changements de lune, par exemple. Ou de l'évaporation en surface. Ou encore de l'électricité que notre installation fait passer dans le sol. Toutes ces données perturbent légèrement l'énergie des faisceaux.

– Et vous pouvez adapter la… la densité des écrans de protection au gré de ces variations.

– Oui, sans problème. C'est une technologie très au point, vous savez… »

Paul hocha la tête, à première vue convaincu. Tanaka intervint :

« Nous allons vous laisser travailler, Pam. Merci pour votre gentillesse.

– À votre service.

– Merci », ajouta l'assureur.

Les deux hommes repartirent vers l'ascenseur. Direction : le troisième étage.

« Rassuré ? lança Tanaka une fois les portes coulissantes refermées.

– Oh, je n'étais pas vraiment inquiet », grommela Paul.

Tous ces gens avaient l'air compétents, confiants dans l'efficacité de leur matériel. Et si Kathy se plantait depuis le début ?

Ils visitèrent un grand laboratoire encombré de paillasses et de microscopes électroniques. Des scientifiques en blouse blanche y manipulaient des vestiges du *Titanic* avec d'infinies précautions.

« C'est ici que tous ces trésors retrouvent une seconde jeunesse, expliqua Tanaka. On les stocke dans des bacs électrolytiques pour combattre les ravages du temps en milieu marin. »

Paul s'arrêta quelques instants sur les objets en question : une tête de poupée en porcelaine, un bouchon de radiateur, une soupière ou encore un pot de chambre. Drôles de trésors !

« Il n'y a rien en bois, nota l'assureur.

– Le bois est très apprécié des micro-organismes, acquiesça son guide. En fait, toutes les boiseries qui n'étaient pas peintes en blanc ont été dévorées depuis belle lurette.

– Peintes en blanc ?

– Au début du siècle, ils utilisaient du carbonate de plomb dans leurs peintures et, apparemment, les bestioles n'aiment pas trop ça. Quand le bateau s'est abîmé, les mollusques xylophages ont mangé tout ce qui leur semblait comestible. Puis, petit à petit, faute de nourriture, ils sont morts. Et quand la peinture a commencé à s'écailler, il n'y avait plus assez de parasites pour finir le boulot ! En restaurant la proue, on a trouvé des lambris et des colonnes sculptées encore intactes dans les entrailles du navire ! (Il marqua une pause et regarda sa montre.) Oh, déjà 18 heures. Qu'est-ce que je pourrais vous montrer pour finir la journée ? (Il réfléchit.) Au second, nous avons l'atelier animatronique et les designers, au premier, le local météo…

– Va pour le local météo » approuva, Paul avec un haussement d'épaules soigneusement calculé.

27

« Paul Lomat, voici Katherine Wells. »

L'océanographe et l'assureur se serrèrent la main, comme si de rien n'était. Le cœur de Paul battait la chamade, mais il fit son possible pour rester stoïque.

« Enchanté.

– Moi de même. »

Le local était tout petit. Une fois de plus, les machines empiétaient sérieusement sur l'espace vital des humains.

« Vous recevez vos données depuis la surface ? » demanda Paul.

Kathy acquiesça :

« Oui, une bonne partie. Nous sommes en liaison permanente avec le satellite *Goes 8* et le Laboratoire d'étude des tempêtes de Miami. »

Tanaka se mêla à la conversation.

« De surcroît, la plateforme en surface est équipée d'un radar Doppler dernier cri.

– Et regardez ce qu'il nous annonce », grimaça la jeune femme.

Elle montra un écran ovale du bout de son stylo. Une grosse masse mouvante en forme de tourbillon se matérialisait à chaque balayage.

« Une tempête ? interrogea Paul.

– Mieux que ça. Un cyclone de catégorie 3. Je vous présente Damien.

– Et il vient vers nous ?

– On dirait bien. (Elle fit glisser son siège à roulettes jusqu'à une grande carte punaisée au mur.) Vous voyez, il a pris naissance au niveau de l'équateur, dans une zone de basse pression, et il remonte tranquillement. Bermudes, Floride...

– Catégorie 3, c'est beaucoup ?

– Pas mal. Les vents peuvent atteindre 200 km/h. »

Paul avala sa salive avec difficulté. Son regard se posa sur une liste de noms, à côté de la carte : Ava, Benjamin, Clara, Damien, Edwige...

« Pourquoi Damien, au fait ?

– Dans l'Atlantique Nord, les noms sont attribués à l'avance par le service météo de Miami. La première tempête de l'année commence par un *A*, la deuxième par un *B*, etc. On alterne féminin et masculin partout dans le monde, sauf dans l'océan Indien, où ils sont restés très machos ! Ils ne gardent que des prénoms de filles. Quand une tempête a été particulièrement violente, son nom de code est retiré des listes. Ainsi, il n'y aura jamais plus de cyclone "Andrew", par exemple... »

Paul fit la moue :

« Et la plateforme, il n'y a pas de risque qu'elle nous dégringole sur la tête ?

– Non, rassurez-vous. Elle peut résister à des cyclones de catégorie 5 sans problème. Ce qui m'inquiète davantage, ce sont les cheminées thermiques... »

À cet instant, la porte s'ouvrit sur un homme ventripotent, mal rasé, d'environ 50 ans, qui portait une chemise hawaïenne et sentait le tabac froid.

« Ah, les cheminées thermiques, répéta-t-il sur un ton ironique. C'est le grand dada de notre chère Katherine.

– Max Noodles, le chef du département météo », précisa Tanaka.

Paul lui serra la main, malgré un sentiment d'aversion quasi immédiat.

« Paul Lomat. Assureur. »

Il enchaîna, l'air de rien :

« C'est quoi, les cheminées thermiques ?

– Une théorie "*made in Kathy*", plaisanta le gros homme. De temps en temps, de l'eau chaude viendrait nous rendre visite, ici, tout en bas, lorsque ça secoue à la surface. Enfin, quand je dis "chaude", je me comprends. Elle ne peut pas dépasser 3 °C…

– Et ça vous paraît farfelu, cette théorie ?

– Cher monsieur, l'eau chaude est par nature peu dense, donc moins lourde que l'eau froide, vous comprenez ? »

La jeune femme ne lui laissa pas le temps de répondre :

« Max, vous oubliez que dans un foyer de tornade le cisaillement des vents peut provoquer une…

– Zone de succion, oui, d'accord, grogna son supérieur. Mais bon, c'est quand même une théorie tirée par les cheveux, si je puis me permettre. Et, de toute façon, une telle hypothèse ne représente aucun danger pour nous. Les écrans de protection sont conçus pour résister à une eau de 3 °C. Nous avons déjà eu cette conversation un millier de fois, Katherine. »

Les yeux de la jeune femme lançaient des éclairs. Tanaka attendait cette brèche dans la conversation pour s'y engouffrer tête baissée :

« Tout cela est passionnant, vraiment, mais l'heure tourne et j'ai réservé une table pour M. Lomat au Poséidon, le restaurant de l'hôtel. John Zapruder et d'autres chefs de secteur doivent déjà nous y attendre pour l'apéritif. Aussi, si vous voulez bien nous excuser. »

À nouveau, les poignées de main.

« Merci beaucoup.

– Ravie d'avoir fait votre connaissance.

– C'est réciproque. »

Paul parut hésiter un instant puis se lança :

« Vous savez, la météo m'a toujours fasciné. J'avais un grand-père qui notait le temps, chaque jour sur son carnet. Il faisait des courbes, des statistiques, comparait ses tableaux année après année. Le brave homme nous a quittés à 83 ans…

83 ans et toujours frais et dispos, curieux de tout. Un homme formidable... Je ne sais pas pourquoi je vous raconte tout ça. Enfin, encore une fois, merci pour votre accueil. »

Il leur adressa un dernier sourire et referma la porte.

Noodles se tourna vers sa collègue :

« Drôle de type... Qu'est-ce qu'on en a à cirer de l'âge de son grand-père ? Et sa grand-mère, elle faisait du tricycle ?

– Moi je le trouve très sympathique », répliqua Katy en se remettant à l'ouvrage.

Le cadre du Poséidon était somptueux (vue imprenable sur l'épave) et les plats à base de fruits de mer succulents. Cependant, le dîner se révéla assez vite assommant.

Outre John Zapruder, l'organisateur de la soirée d'inauguration, Paul fit la connaissance d'une demi-douzaine d'autres personnes. Épuisé par sa longue journée, il commençait à mélanger noms et fonctions. Il y avait dans le lot un historien, une comptable, le chef de la sécurité (Martinez, qu'il avait déjà vu en arrivant), deux informaticiens et un ingénieur en animatronique ou quelque chose dans le genre.

Vers 22 h 00, l'assureur prit congé et remonta dans sa chambre. Il avait bu trop de vin blanc durant le repas. Les cloches de la gueule de bois commençaient à sonner le tocsin à l'intérieur de son crâne. Il se laissa choir sur son lit et poussa un long soupir. Avait-il de l'aspirine dans sa trousse de toilette ? Il allait se lever pour vérifier quand quelqu'un frappa à la porte. Trois petits coups secs. Il se redressa.

« Qui est-ce ?

– D'après vous, gros malin ? » rétorqua Katherine depuis le couloir.

Il se précipita pour lui ouvrir la porte et la faire entrer.

« Chambre 83, dit-elle avec un sourire.

– Je vois que vous avez compris mon message codé.

– Il faut dire que vous avez lourdement insisté. Votre "papy-météo" a vraiment existé ?

– Hum, en fait, j'ai improvisé. Les tableaux météo, c'est le passe-temps de mon père, qui est toujours bien vivant et a pris sa retraite dans l'Idaho. »

La jeune femme s'assit sur une chaise, à côté du lit, et demanda :

« Alors, cette première journée ?

– Intéressante. »

Paul ouvrit le minibar et en sortit une bouteille d'eau pétillante. Il était assoiffé.

« Vous buvez quelque chose ?

– Merci, ça va. »

Une sorte de silence embarrassé s'installa. Kathy jouait machinalement avec une figurine posée sur la table de nuit, un vieux barbu coiffé d'une casquette de marin. Sûrement le capitaine Smith[6]. Paul observait l'océanographe du coin de l'œil, tout en remplissant son verre d'eau gazeuse. Cette fille l'intimidait. À son contact, il avait l'impression de redevenir un collégien rougissant.

« Vous avez appris des trucs sur les écrans ? questionna-t-elle en reposant le petit jouet *Titanic*.

– Oui, je commence à y voir plus clair. Mais je n'ai rien trouvé de compromettant. »

Nouveau silence.

« Les anneaux d'entretien, lança-t-elle, à brûle-pourpoint. C'est là-dedans qu'il faut aller fouiner.

– Vraiment ?

– Oui. Chaque anneau comporte quatre terminaux de maintenance accolés aux accélérateurs linéaires. Toutes les données qui nous intéressent partent de là. C'est encore plus complet et plus détaillé que dans le quartier général.

---

6 - Le capitaine du *Titanic, of course* !

– Ah bon… (Il vida son verre, songeur, puis demanda :) Et une fois sur place, qu'est-ce que je fais ?

– Vous regardez le panneau de commande, vous enregistrez tous les chiffres marqués dessus et vous me les rapportez. »

Paul fronça les sourcils :

« Qu'est-ce qui vous empêche de faire ça vous-même ? »

Il avait parlé sur un ton plus abrupt qu'il ne l'aurait voulu, mais Katherine ne parut pas relever ce léger durcissement dans sa voix. Elle lui répondit par une autre question :

« Vous avez remarqué qu'il faut montrer patte blanche tous les dix mètres pour circuler dans cette boîte de conserve ?

– En effet.

– Les terminaux sont dans une zone rouge. Le cœur du "Cœur de l'océan", en quelque sorte… Faites voir votre "digi-passe" ? »

Il fouilla dans ses poches avant d'en sortir la carte d'accréditation :

« Hum, grinça Kathy. Pastille orange.

– Et alors ?

– Ce n'est pas suffisant. Vous devez posséder une pastille rouge pour accéder au terminal. Ma carte perso est vert foncé. Encore pire que vous.

– Je crois me souvenir que le passe de Tanaka est rouge.

– Alors il faudra qu'il accepte de vous balader là-bas.

– Je m'arrangerai. »

Elle se leva. Paul avait du mal à masquer sa déception.

« Vous partez déjà ?

– J'assure la permanence au local météo, de 23 h 00 à 01 h 00 du matin, dit-elle d'un air désolé. Avec ce cyclone qui approche, il vaut mieux qu'on se relaie vingt-quatre heures sur vingt-quatre. »

Elle se dirigea vers la porte, l'ouvrit à demi, puis se ravisa.

« Paul, je voulais vous dire…

– Quoi ?

– Merci pour tout ce que vous faites. C'est très chic. »

Elle revint sur ses pas et déposa un furtif baiser sur les lèvres de Lomat. Ce dernier en resta bouche bée.

« Merci encore », souffla-t-elle avant de s'éclipser, pour de bon cette fois.

Paul se retrouva tout seul dans la chambre, heureux et surpris.

« Heu, tout le plaisir est pour moi », fit-il, la gorge plus sèche que jamais.

Au moins, son mal de crâne avait disparu !

28

Vendredi 13 avril. 10 h 00.

La journée débuta par une visite guidée du dôme nord, qui abritait la section avant du *Titanic*. Les 13 000 tonnes de la coque s'élevaient à 28 mètres de haut et s'étendaient sur la longueur d'un grand terrain de football. Des échafaudages avaient été érigés contre ses flancs d'acier. Escaliers, passerelles et poutrelles tissaient leur réseau métallique autour du géant terrassé. On aurait dit Gulliver saucissonné par l'armée des Lilliputiens.

Tanaka montra l'espace entre les cheminées 2 et 3.

« Nous avons complètement recréé cette portion-là. Mais tout le reste est d'origine ! »

Paul avait l'impression de revenir au début du XXe siècle, de contempler le paquebot en cale sèche, juste avant sa mise à l'eau !

Une batterie d'ascenseurs et de monte-charges sillonnait le milieu du mastodonte. L'assureur et son guide accédèrent au pont des embarcations par cette voie. Ils passèrent devant la plateforme du compas central, fraîchement repeinte, et s'arrêtèrent le long du gymnase, à tribord. Paul ne put résister à la tentation de regarder par les fenêtres. L'intérieur de la salle était reconstitué avec un soin prodigieux. On y trouvait des carrelages impeccables, un cheval mécanique, des avirons et divers autres appareils de musculation délicieusement désuets.

« Il y a mieux », promit Tanaka en repartant vers la proue.

Ils dépassèrent la timonerie, toujours par tribord. Le pont des embarcations se terminait par la passerelle de commandement.

Un marin en uniforme de la White Star sortit de la pièce en question. D'une démarche curieusement mécanique, il se dirigea vers l'aileron de la lampe-morse, puis revint sur ses pas. Il rentra dans la cabine vitrée, attendit une dizaine de secondes puis sortit de nouveau et recommença son petit manège !

« Qu'est-ce que ça veut dire ? s'enquit Paul.

– Regardez le sol, monsieur Lomat. »

Un rail discret passait en travers des lattes de teck. L'homme aux mouvements saccadés ne s'en écartait pas d'un centimètre.

« Vous avez en face de vous le premier lieutenant William Murdoch, révéla Tanaka. Enfin, sa reproduction animatronique.

– Animatro-quoi ?

– C'est une marionnette très perfectionnée.

– Ah, comme les "pirates des Caraïbes", à Disneyland.

– Exactement. Venez… »

Ils entrèrent dans le poste de commandement, entre deux allées et venues du robot. Des piédestaux dépassaient du plancher, surmontés par des cylindres cuivrés. Un automate stoïque se tenait à gauche d'une roue de gouvernail assez volumineuse.

« Lui, c'est le quatrième lieutenant Joseph Boxhall, expliqua Tanaka. Nous avons essayé de reconstituer cet endroit tel qu'il était le 14 avril 1912, à 22 h 00, au moment du changement de quart. »

Paul se tourna vers la timonerie. Trois automates y répétaient un cycle de gestes préprogrammés. Un officier et deux quartiers-maîtres.

« Je ne vois pas le capitaine Smith, remarqua Paul en cherchant la célèbre barbiche blanche.

– Il était parti se coucher à cette heure-là. Mais, ne vous inquiétez pas, le capitaine sera présent dans un autre de nos "tableaux animatroniques". »

La visite se poursuivit par une incursion au pont C, grâce à un ascenseur intérieur. Une fois encore, décorateurs, charpentiers et menuisiers avaient fourni un travail magnifique en restaurant une charmante promenade privative d'une quinzaine de mètres. Sièges en osier et plantes vertes avaient été installés avec soin, reproduisant à l'identique la disposition d'origine.

« Joli, siffla Paul. C'est ici que Rose se dispute avec son fiancé, dans le film, si ma mémoire est bonne…

– Exact. Mais, dans la réalité, cette suite était occupée par Bruce Ismay, le directeur général de la White Star.

– Le type qui est monté en douce dans un canot ?

– Oui. Pour le grand public, Ismay symbolise le méchant de l'histoire. C'est ainsi. Les gens veulent toujours un bouc émissaire. Mais la réalité est rarement aussi simple. »

Paul s'offusqua :

« Il a quand même été lâche, non ? »

Tanaka lui répondit par un haussement d'épaules.

« Il a sauté dans un canot où il restait encore de la place… La belle affaire. Quantité d'hommes ont fait la même chose, ce soir-là, et certains sont même considérés comme des héros. Je pense notamment à Lawrence Beesley, un passager de seconde classe qui a écrit un très bon récit du drame. Si Bruce Ismay était resté sur le *Titanic*, il y aurait eu un mort de plus sur la liste, c'est tout.

– Arrêtez-moi si je dis une bêtise, mais ce type a une part de responsabilité dans l'accident, je crois. C'est bien lui qui a demandé au capitaine de naviguer à toute vapeur…

– Plusieurs témoignages vont dans ce sens, c'est vrai. Mais on n'aura jamais de réponse catégorique à cette question. »

Après cette escale au pont C, l'ascenseur les emmena tout en bas.

« Nous travaillons actuellement à un tableau animatronique dans la salle des machines, annonça l'employé de Deep Blue Dream. Il y aura les chaudières, de belles flammes, les hommes en sueur, le charbon… Ce sera magnifique.

– Et le grand escalier ? s'enquit Paul. Et la salle de réception des première classe ?

– Vous verrez tout cela demain soir. C'est notre joyau. M. Hamilton en a interdit l'accès jusqu'à l'inauguration. Mais je peux d'ores et déjà vous garantir que vous ne serez pas déçu. Nos décorateurs se sont surpassés. »

Ils traversèrent un petit débarras avant de déboucher sous les échafaudages du flanc bâbord. Juste à ce moment-là, un grincement désagréable résonna au-dessus de leurs têtes.

« Attention ! » cria Paul.

Il agrippa son guide et bondit vers l'avant. La plainte métallique se transforma en fracas retentissant. Des poutrelles de support s'effondraient comme un château de cartes, entraînant avec elles un amoncellement de passerelles, de balustrades ! Le tout s'écrasa à l'endroit même où se trouvaient les deux hommes cinq secondes plus tôt ! Il y eut un nuage de poussière, des cris, des jurons. Une dizaine d'ouvriers s'élancèrent vers les miraculés.

« Vous allez bien ?

– Vous êtes blessés ? »

Paul secoua la tête :

« Non. Tout va bien, merci. (Il se tourna vers l'Asiatique.) Et vous ?

– Je… Je vais bien. Enfin, je crois… »

Il était tout pâle et tremblait comme une feuille.

« Je… Je ne comprends pas ce qui s'est passé.

– C'est de la camelote, ces échafaudages, grogna un ouvrier. Ce n'est pas la première fois que ça arrive !

– Ouais, on devrait demander une prime de risques ! renchérit un autre.

– Nous faire travailler un vendredi 13 ! On n'a pas idée ! râla un troisième.

– Je suis vraiment confus, monsieur Lomat, gémit soudain Tanaka. Je vous présente toutes mes excuses au nom de Deep Blue Dream et je peux vous certifier que…

– Ça va, ça va, répéta Paul, légèrement énervé. Il n'y a pas eu de blessés et c'est le principal. »

Tout en s'époussetant, il laissa remonter son regard vers le sommet des plateformes encore intactes. Un homme en bleu de travail se tenait au bord du vide, derrière une rambarde de sécurité. Il était très haut, mais Paul eut néanmoins la désagréable impression que l'inconnu le fixait. Il battit des paupières. L'ouvrier avait disparu.

29

Un rapide examen permit de découvrir la barre de soutien fautive : soudure mal faite, métal oxydé… Tanaka ordonna aussitôt une inspection détaillée de tous les échafaudages. Paul ne disait rien mais n'en pensait pas moins. C'était la deuxième fois en trois jours qu'il échappait à la mort. Statistiquement parlant, cela commençait à faire beaucoup.

Ils se remirent de leurs émotions devant un scotch bien tassé, servi au bar de l'Olympic. Tanaka paraissait bouleversé. Était-ce suffisant pour lui faire vraiment confiance ? Une seule chose devenait de plus en plus claire : quelqu'un souhaitait que l'assureur n'aille pas au terme de son enquête. Quelqu'un de chez Deep Blue Dream, très certainement. Et Tanaka travaillait pour Deep Blue Dream…

« Souhaitez-vous visiter un autre secteur ? questionna ce dernier en finissant son verre.

– Les anneaux d'entretien, c'est possible ?

– Oh, il n'y a pas grand-chose à voir là-dedans. C'est un bête tunnel en béton, avec des blocs de contrôle tous les 100 mètres.

– J'aimerais quand même y jeter un œil. »

Tanaka affichait un air sceptique, mais il finit par hocher la tête :

« Très bien. Donnez-moi votre carte. Je vais passer à la sécurité pour qu'ils la modifient. À cause de la présence des accélérateurs linéaires, les anneaux sont une zone rouge.

– Merci.

– Cela prendra peut-être une ou deux heures. On se retrouve après le déjeuner ?

– D'accord. »

Paul confia son passe au guide. Le petit homme le salua avec déférence, puis s'éloigna d'une démarche erratique. Visiblement, il n'avait pas l'habitude du scotch. Ni des émotions fortes.

Paul déjeuna au restaurant français À la Carte, attenant au Poséidon et plus petit que ce dernier… mais aussi plus raffiné. On avait cherché à reproduire l'ambiance de la salle à manger des première classe. Trumeaux, piliers et panneaux muraux étaient recouverts de détails sculptés et dorés à l'or fin. Dans un angle de la salle, trois automates portant l'uniforme de la White Star Line jouaient des morceaux préenregistrés : valses, airs d'opéra et jazz. Le trio, composé d'un pianiste, d'un violoniste et d'un violoncelliste, apportait la touche finale à ce pittoresque tableau vivant des années folles.

Tanaka arriva juste pour le café.

« J'ai votre carte, monsieur Lomat. Nous pouvons poursuivre la visite, si vous le désirez.

– Très bien. (Il montra du pouce la formation animatronique.) C'est une reproduction de l'orchestre du *Titanic* ?

– Tout à fait.

– Je croyais qu'ils étaient cinq. »

Le guide secoua la tête :

« Ils étaient huit. En fait il y avait deux orchestres : le quintette à cordes, dirigé par le premier violon, Wallace Hartley, et ce trio, qui officiait en face du “café parisien”.

– Et ils ont vraiment joué jusqu'à la toute fin ?

– Non. D'après le major Gracie, un rescapé, ils ont plié bagage une demi-heure avant le naufrage total. Le pont était devenu vraiment trop incliné. En tout cas, ils ont fait le maximum. Leur sang-froid a sans doute contribué à éviter une panique générale. Des hommes exemplaires !

– Des hommes exemplaires… » répéta Paul, pensif.

Tanaka n'avait pas menti. L'anneau d'entretien qui formait la base du dôme nord n'était qu'un banal tunnel circulaire, gris et terne, avec un lacis de câbles pour seule décoration.

« La cavité machin truc est bien au-dessus de nos têtes ? demanda l'assureur.

– Oui, c'est un conduit en aluminium sous vide gainé de blindages, d'évents et ponctué d'énormes aimants.

– Des aimants ? Pour quoi faire ?

– Ils gardent le faisceau de particules le plus fin et le plus compact possible. On appelle cela des “aimants de focalisation”. Venez, je vais vous montrer le poste de contrôle. »

Ils escaladèrent une échelle de service et débouchèrent dans une salle de 40 mètres carrés. Un hublot rectangulaire d'un mètre sur trois et un sas donnaient sur l'océan. En face des inévitables ordinateurs, un vigile assis sur une chaise à roulettes somnolait. Il sursauta :

« Ah, bonjour monsieur Tanaka.

– Bonjour, Bill. Je vous présente M. Lomat, des assurances Graham & Shusters. Je suis censé lui montrer tous nos petits secrets. Cela ne vous dérange pas ?

– Du moment que vous avez le passe rouge… »

L'Asiatique indiqua la carte glissée dans une pochette en plastique. Le garde opina en signe d'assentiment.

« Ce terminal de maintenance est complètement automatisé, dit Tanaka en entraînant son hôte vers les computers. Les accélérateurs linéaires sont juste derrière ce mur. (Il désigna le dénommé Bill d'un mouvement de menton.) Les hommes qui assurent la permanence ne font que contrôler l'accès à cette salle. »

Paul louchait sur les thermostats et les cadrans. Il dégaina sa tablette pour enregistrer les données affichées. Tanaka poursuivait son laïus, infatigable :

« Cet appareil indique la température du liquide de refroidissement, celui-ci contrôle le rayonnement des synchrotrons, etc. Toutes les informations qui arrivent au quartier général sont relayées par des terminaux de ce type. À la moindre anomalie, les alarmes se déclenchent.

– Hum, je ne suis là que pour la décoration, pouffa le vigile. Je ne sais même pas comment fonctionnent ces trucs.

– Et vous ne vous ennuyez pas trop ? demanda Paul.

– Non… Ils nous ont installé ce hublot pour qu'on puisse admirer les fonds marins. C'est mieux que la télé. J'appelle ça "le plus grand aquarium du monde". Il y a toujours un poisson qui vient nous faire "coucou". Et pas n'importe quel poisson. Vous verriez les bestiaux…

– Vous vous relayez tous les combien ?

– Toutes les huit heures. On tourne à trois et on change d'équipe chaque semaine. »

Paul pointa la porte étanche avec son stylet :

« Et ça, c'est quoi ? »

Ce fut Tanaka qui répondit :

« Un sas de plongée. Parfois, les équipes d'entretien ont besoin d'accéder à certains compartiments extérieurs. Le sas est prévu pour cela. Il y a des scaphandres autonomes dans cette armoire, ici…

– Je vois… »

Tout en discutant, Paul braquait discrètement la caméra intégrée à sa tablette sur les cadrans et les consoles. Il espérait que Kathy s'y retrouverait au milieu de tout ça. Lui se sentait largué.

« On peut y aller ? s'enquit le guide.

– Oui. Merci.

– Si vous le permettez, je vais vous reconduire à l'hôtel et ensuite je prendrai congé. Je pense que vous arriverez à vous orienter tout seul dans le complexe, maintenant…

– Pas de problème.

– Je suis désolé de vous abandonner ainsi, mais un premier arrivage de journalistes descendent nous voir cet après-midi, et je suis censé les chaperonner.

– Je comprends. Ne vous inquiétez pas pour moi. De toute façon, j'ai fait le tour des endroits qui m'intéressaient.

– Parfait. Néanmoins, si vous avez un souci, bipez-moi. Je vous enverrai quelqu'un si je ne suis pas disponible personnellement.

– C'est bien gentil à vous. »

30

Paul n'était pas mécontent de se retrouver seul. On pouvait difficilement faire plus serviable que Tanaka mais, pour accomplir la suite de sa mission, l'assureur préférait éviter d'avoir son guide zélé dans les pattes. Il retourna vers le QG en priant le ciel pour que Kathy soit seule dans le local météo. En plus des cordons de vigiles, il croisa un certain nombre de manutentionnaires, les bras chargés de caisses, et quelques chariots élévateurs. L'agitation s'accroissait d'heure en heure, à mesure que l'on s'approchait du jour J. Hommes et engins de levage se frôlaient dans un incessant va-et-vient, s'évitant parfois *in extremis* vu l'étroitesse des coursives. Il y avait assez peu d'éclats de voix malgré tout ce remue-ménage. Chacun connaissait son rôle et travaillait dans le calme.

Paul dépassa le grand hall (où l'ascenseur monopolisait toujours une quinzaine de techniciens) et s'engagea dans la coursive est. Des agents de la sécurité vérifiaient une par une les portes des capsules de sauvetage. D'autres employés fourrageaient dans des boîtiers muraux évoquant de gros disjoncteurs. Leurs doigts évoluaient avec sûreté au milieu des cartes imprimées, des circuits et des fils multicolores.

Paul fut contrôlé à l'entrée du « coquillage », puis encore une fois en sortant de l'ascenseur, au premier étage. La fébrilité générale était presque palpable. Il frappa à la porte du local météo.

« Entrez », fit la voix de Kathy.

Il s'exécuta et soupira d'aise. L'océanographe était seule. Elle ne se jeta pas à son cou, mais il eut quand même droit à un beau sourire.

« Vous avez réussi à semer Tanaka ?

– Je n'en ai pas eu besoin. Le pauvre a l'air débordé, comme tout le monde... (Puis, sur un ton grinçant :) J'en ai une bien bonne à vous apprendre : un échafaudage a failli nous tomber sur la tête, ce matin ! »

Elle se rembrunit instantanément :

« Un attentat ?

– Je n'en sais rien. J'ai la bizarre impression d'être observé depuis quelque temps. Vous n'avez rien remarqué de votre côté ?

– Ma foi, non. Il faut redoubler de prudence.

– Je suis bien d'accord. (Il sortit sa tablette.) Voici vos données. »

Le regard de la jeune femme s'éclaira :

« Formidable ! (Elle connecta l'appareil de Paul à sa console.) Je vais envoyer tout ça à un ami chercheur.

– Quelqu'un de confiance ?

– Oui. C'est un scientifique français. Il n'a aucun lien avec Deep Blue Dream. »

Paul prit un air intrigué :

« Vous ne pouvez pas analyser ces données vous-même ?

– Je ne suis pas assez calée en physique. Bertrand fera ça très bien.

– Ah, il s'appelle Bertrand... Et, c'est un ami ? un copain ? un ex-copain ? un petit ami ? »

Il regretta presque aussitôt ses paroles. Question lourdeur, il remportait la palme.

« Un ami tout court », rétorqua l'océanographe avec une amorce de sourire.

Elle écrivit un message de quatre ou cinq lignes, puis cliqua sur « fichiers joints » et, dans la foulée, sur « envoi ».

« Et voilà, c'est parti.

– Il va lui falloir longtemps pour se prononcer ?

– Je n'en sais rien. Mais il est très brillant. Sa thèse de fin d'études portait sur les rapports entre la relativité et la physique quantique.

– Hon,hon… (Il s'avança vers un moniteur, pressé de changer de sujet.) C'est le cyclone Damien que l'on aperçoit sur ce scope ?

– Lui-même. »

La masse tourbillonnante paraissait encore plus grosse, plus menaçante que la veille. Paul se racla la gorge.

« Il vient toujours vers nous ?

– Il n'a pas changé de cap. Et son couvercle nuageux se disloque. Ce n'est pas très bon signe.

– Vous m'en direz tant. »

Insensiblement, Paul s'était rapproché. Les mots se bousculaient dans sa tête. Le trac lui tordait les boyaux. Kathy n'avait plus besoin de ses services, à présent. Son rôle était terminé. Avait-il une chance, ou bien s'était-elle servie de lui depuis le début ? Comment formuler ses doutes ? Il craignait de tomber dans un roman-photo de base : « Heu, Kathy, je… je crois que je vous aime. Est-ce réciproque ? » Non. Ridicule. Il aurait préféré faire du saut à l'élastique avec ses tripes plutôt que de se dévoiler aussi benoîtement.

Il posa sa main sur l'épaule de la jeune femme. Elle lui sourit et inclina la joue contre son poignet.

« Je suis heureuse que tu sois là », dit-elle simplement.

Un geste valant mille paroles, il se pencha et l'embrassa. Elle n'opposa aucune résistance.

TROISIÈME PARTIE

COMPTE À REBOURS

« Le chaos est la loi de la nature. L'ordre, le rêve de l'homme. »
Henry B. Adams

31

Samedi 14 avril. 11 h 00.

Un vent implacable soufflait sur le toit du Deep Blue Dream Building. Murray Hamilton avançait, courbé, suivi de près par son rejeton. Au vent s'ajoutait la puissance des pales qui tournaient au-dessus de l'hélicoptère prêt au décollage. Le boucan était épouvantable. Le père et le fils montèrent dans la partie arrière de l'appareil. Une fois la porte refermée, le niveau sonore baissa de moitié. Le Big Boss alluma son portable.

« Allô… John ? Oui, nous sommes dans l'hélico. Nous décollons dans une minute. Tout est prêt, en bas ? Bon, très bien. Je n'en attendais pas moins de vous… Et Granchester ? Il prend la deuxième navette ? Très bien. »

Nathan regardait son père avec un mélange de dégoût et d'admiration. Le vieux menait son petit monde à la baguette. On ne pouvait pas lui retirer ça.

« Le cyclone ? éructa Hamilton. Pas question… On se conforme au timing. Je ne vois pas en quoi une tempête en surface affecterait une fête à 3 800 mètres sous la mer… Je ne veux pas le savoir. Débrouillez-vous, mon vieux ! Il n'y a pas de problèmes, il n'y a que des solutions, vous m'entendez, Zapruder ? »

Le bruit du rotor s'amplifiait. L'hélico s'arracha sans peine à la gravité. L'adolescent déglutit. Il n'aimait pas les transports aériens. Le fait que des engins plus lourds que dix enclumes puissent voler le dépassait complètement. Devant son père, il était hors de question de laisser transparaître ce sentiment assimilable à de la faiblesse ou de la lâcheté. Le vieux n'aurait pas apprécié.

Nathan ravala son malaise et serra les dents. Le cours de ses pensées dévia sur Tina. Ce soir, elle serait là, plus belle que jamais, sous les feux de la rampe. Cette image amena un semblant de réconfort au creux de son ventre. Grâce à la retransmission en Mondiovision, la Terre entière allait découvrir sa bien-aimée. Elle était belle, talentueuse… et elle sortait avec lui. Une bouffée de fierté gonfla sa poitrine. Rares étaient les garçons de son âge qui pouvaient se targuer d'une telle conquête. Il esquissa un sourire et mit dans ses oreilles les écouteurs de son iPod. La musique de IG 88 and the Assassins Droïds ne tarda pas à supplanter le mugissement des pales qui tournaient à une vitesse folle. Pendant ce temps, Murray Hamilton, surexcité, continuait à postillonner sur son téléphone portable !

32

Vonda McCaffery se trouvait dans la première des deux navettes affrétées pour la grande soirée d'inauguration. Sa tête reposait de guingois contre l'un des hublots du navire. Des pensées noires comme des corbeaux virevoltaient dans son esprit. Elle n'avait toujours pas digéré son entrevue avec le directeur de l'information. C'était simplement... trop injuste ! Vonda était une excellente journaliste. Elle avait appris le métier sur le terrain sans jamais se plaindre, en dépit de conditions parfois difficiles. Elle avait couvert le siège de Sarajevo sans se soucier des *snipers*, sillonné le Kosovo pendant l'épuration ethnique, interviewé des civils libyens sous un déluge de bombes, arraché des confidences à des agents du Mossad d'habitude plus muets qu'une tombe. Et maintenant on lui annonçait qu'elle était bonne pour la casse ? Non, impossible ! D'accord, elle n'avait plus 20 ans, mais il était hors de question qu'elle devienne la chroniqueuse d'une stupide rubrique de seconde zone. On ne la mettrait pas sur la touche aussi facilement. Ce show en Mondiovision lui offrait une occasion inespérée de redorer son blason. Il fallait qu'elle décroche un scoop, quelque chose de juteux. Elle n'était jamais meilleure que lorsqu'on la poussait dans ses retranchements. À cette pensée, un flot d'adrénaline se déversa dans ses veines avec la furie d'un fleuve en crue.

La journaliste se tourna vers le grand maigrichon qui, assis à sa gauche, dormait à moitié. Ses traits de jeune homme étaient mal dégrossis, encore pétris dans la glaise de l'adolescence. Des cratères dus à une acné virulente mitraillaient son visage et des pellicules parsemaient ses épaules. Le geek dans toute sa splendeur ! Il avait posé sur ses genoux une caméra vidéo avec spot incorporé.

« Ray, tu ne me lâches pas d'une semelle, ce soir, recommanda-t-elle d'un ton sec. Je vais naviguer d'invité en invité alors ne reste pas à la traîne, c'est compris ? »

Le garçon, qui était assez jeune pour être son fils, acquiesça avec une lueur de peur dans les yeux.

« Oui, m'dame. »

Vonda McCaffery avait la réputation d'être impitoyable avec ses preneurs d'images. Elle en avait usé plus d'un. Ray inspira un grand coup. Fils d'un réalisateur en bons termes avec Câble-News, il avait été pistonné pour ce job. Jusqu'ici, il n'avait cadré que des émissions culinaires et des débats télévisés. Avec cette soirée, il mettait enfin un pied dans le monde du grand reportage. C'était le moment où jamais d'assurer !

Deux sièges derrière, Stirling Silliphant se trouvait dans un tout autre état d'esprit. Ce voyage l'angoissait, lui aussi, mais pour des raisons bien différentes. La nuit dernière, il n'avait pas dormi, assailli par de vieux démons. L'image de sa mère lui était apparue par trois fois, encore vêtue de sa robe noire et de son petit chapeau à rubans, exactement comme le soir du drame. Elle lui avait crié quelque chose. Une imprécation ? Un avertissement ? Ses paroles s'étaient perdues dans un chaos sonore, à la fois irréel et ouaté. Et son père... Une nuit sur deux, Stirling imaginait l'agonie du pauvre homme. L'eau qui envahissait les coursives. Les troisième classe, piégés comme des rats, désorientés, courant dans tous les sens, avec leurs maigres bagages sous le bras. Les cris, la peur, puis le noir total, lorsque l'installation électrique du navire avait rendu l'âme. Le froid de la nuit. Et la mort.

Le centenaire secoua la tête comme un animal cherchant à s'ébrouer au sortir d'un bain. Ressasser ces visions ne servait pas à grand-chose. Il devait faire un effort. Il l'avait promis à son petit-fils. Ce dernier, assis à côté de lui, lisait une revue « people ». On y parlait du lifting de Céline Dion, des prochains oscars, bref, des potins d'Hollywood… Stirling laissa échapper un long soupir. Au fond de lui-même, il sentait croître une terreur aussi tenace qu'irrationnelle.

Les vibrations du navire le berçaient. Il se força à garder les yeux ouverts. Il avait trop peur de rêver.

33

Paul retrouva son amie vers 14 h 00, à la cafétéria du personnel. Ici, le décorum était réduit à sa plus simple expression. Rien à voir avec le Poséidon ou le restaurant À la Carte. Grandes tablées en plastique, fontaines automatiques, plateaux empilés, présentoirs en Inox, bacs remplis de plats fumants. Un self-service, comme on aurait pu en trouver dans n'importe quelle entreprise de la surface. Un énorme logo « Deep Blue Dream » ornait le mur du fond.

À cette heure-ci, le gros du service était passé. Quelques employés nettoyaient les tables pendant que les retardataires terminaient leur repas. Kathy se trouvait parmi ces derniers. Elle adressa un signe à Paul pour qu'il vienne s'asseoir à son côté.

« Hello ! Elle désigna les œufs au bacon dans son assiette. Tu en veux ? »

Ils étaient passés au tutoiement sans se forcer.

« Merci, non. J'ai déjà déjeuné.

– Bien dormi ? »

Il grimaça :

« Hum, j'avoue que je suis un peu nerveux. J'ai regardé les programmes du câble toute la nuit. Comment vous faites pour recevoir la télé, ici ?

– Fibres optiques, articula-t-elle, la bouche encore à moitié pleine. Tout le réseau passe par la colonne de l'ascenseur panoramique. »

L'assureur se pencha un peu plus vers la jeune femme :

« Tu crois que c'est prudent de s'afficher ensemble, comme ça ? questionna-t-il à voix basse.

– J'ai bien peur qu'on soit grillés, de toute manière, grommela-t-elle en sortant son iPhone de sa combinaison de travail. Regarde l'e-mail que j'ai reçu ce matin. »

Paul consulta le petit écran digital. Le message qui apparut était aussi lapidaire qu'énigmatique :

```
Si vous voulez en savoir plus
sur les boucliers moléculaires, rendez-vous
ce soir à 21 h 00 dans l'anneau nord, zone
A-N 12.
```

« Bien sûr, ce n'est pas signé... fit-il avec une moue dubitative.

– Bien sûr. L'e-mail est parti ce matin de l'une de ces bécanes, derrière nous. »

Paul tourna la tête. Une rangée d'ordinateurs était installée à côté d'un parterre de plantes synthétiques. L'océanographe poursuivit :

« Ces postes sont accessibles à tout le monde. Impossible de savoir qui a fait quoi.

– Je n'aime pas du tout ça. Ça pue le traquenard à plein nez.

– Et si c'était un allié ? Un technicien qui a des remords ? Un type prêt à cracher le morceau ?

– Personnellement, j'ai cessé de croire au Père Noël depuis un bout de temps. Qu'est-ce que tu comptes faire ?

– Je ne sais pas encore... Mais j'avoue que je suis tentée. »

Paul hocha la tête sombrement. Vu la recrudescence des « accidents » ces jours-ci, un rendez-vous pareillement formulé avait de quoi attiser ses craintes. Il demanda :

« Et ton ami physicien ? Il n'a toujours pas donné signe de vie ?

– Toujours pas. Je pense qu'il lui faut un peu de temps pour traiter les données qu'on lui a transmises.

– Et Damien ?

– Il poursuit son petit bonhomme de chemin. À ce sujet, il y a une bonne et une mauvaise nouvelle.

– Allons-y pour la bonne…

– La force des vents commence à diminuer. Damien est sur la fin de sa vie. On va peut-être même passer en catégorie 2 avant cette nuit.

– La mauvaise ?

– Il vient toujours en plein sur nous. D'après mes calculs, il sera au-dessus des bancs de Terre-Neuve vers 21 h 00… »

Trois tables plus loin, un ouvrier au visage émacié observait le couple tout en terminant son café.

Wesson reposa sa tasse d'une main et, de l'autre, régla la mollette du récepteur caché dans son bleu de travail. Aussitôt, le bruit de la conversation monta d'un cran dans son oreillette. Posé sur sa cuisse, un minuscule micro directionnel était braqué en direction du couple.

Il esquissa un demi-sourire. L'assureur faisait la fine bouche, mais la fille semblait mordre à l'hameçon. Tant mieux. Il commençait à en avoir assez de jouer au chat et à la souris avec ces deux zigotos. Il considérait la phase 1 du contrat (l'observation de la proie) terminée. À présent, la phase 2 (le contrat lui-même) pouvait vraiment commencer. Bien sûr, c'était le plus délicat.

Son échec de la veille ne cessait de l'asticoter.

« Je me fais peut-être trop vieux pour tout ce cirque, soupira-t-il intérieurement. Vivement la retraite. »

Il n'aurait pas droit à une autre erreur de cet acabit. Il fallait qu'il coince ses « cibles » dans un endroit discret.

L'anneau d'entretien conviendrait parfaitement.

34

La seconde vague d'invités posa le pied sur la plateforme à 16 h 00. La superstructure semblait toujours stable, mais l'océan se déchaînait furieusement. Des creux de plusieurs mètres faisaient tanguer la flottille des bateaux amarrés. Les Mini-Subs parés à plonger ressemblaient à ces canards en plastique jaune que l'on trouve parfois dans les baignoires des enfants. Mais il aurait fallu un gamin grand comme King Kong pour remuer l'eau aussi fort que les vents.

« Accrochez-vous à la main courante ! hurla Francis Tanaka. Suivez-moi, c'est par là ! »

Le caillebotis verglacé rendait le parcours à découvert particulièrement périlleux. Les 80 hôtes d'honneur obéirent à leur guide sans discuter : les bourrasques coupaient court aux velléités de questions, interpellations ou protestations. C'était assez étonnant de voir ces hommes portant magnifiquement le smoking et ces femmes habillées par les grands couturiers au beau milieu d'une tempête. On leur avait remis un imperméable basique repiqué du logo « Deep Blue Dream ». Ils avançaient, pliés en deux, dans les claquements du vêtement en plastique. Heureusement, le trajet jusqu'au bunker central ne devait pas excéder les 30 mètres.

On descendit quelques marches, on se sécha, se réchauffa dans une sorte de hall circulaire. Le moral revint au beau fixe. On échangea même quelques plaisanteries sur l'épouvantable météo qui sévissait à l'extérieur. Les murmures stoppèrent lorsqu'une série de panneaux coulissèrent pour révéler l'ascenseur géant.

« Magnifique.

– Impressionnant.

– Formidable.

– Divin… »

Tanaka exécuta un léger pivotement du buste :

« Mesdames et messieurs. Si vous voulez bien vous donner la peine d'entrer. »

Les invités n'eurent pas besoin de se faire prier. En moins de deux minutes, il n'y avait plus personne dans le grand hall.

Vu de l'intérieur, l'ascenseur ressemblait à une salle de réception assez classique : lumière tamisée, moquette ocre et canapés moelleux. Un mur de verre incurvé ceignait la pièce. Des téléviseurs pendaient du plafond. Un bar et un podium étaient regroupés autour du massif pilier central.

Le guide s'empara d'un micro :

« Une seconde d'attention, s'il vous plaît… »

Quatre-vingts paires d'yeux convergèrent vers lui. Il enchaîna :

« Je me présente. Francis Tanaka. Vous allez devoir me supporter durant les trois heures que dure la descente jusqu'à notre mémorial. Oui, je sais, c'est long, mais ne vous plaignez pas trop. Ma femme, elle, me supporte depuis dix ans… »

Il y eut quelques rires polis, mais l'Asiatique se rendit bien compte qu'il avait frôlé le bide. Il poursuivit néanmoins, avec le même entrain :

« Je vous rassure, une fois en bas, c'est M. Hamilton qui deviendra le maître de cérémonie. En attendant, si vous avez la moindre question à me poser, je suis à votre entière disposition.

– Où est le bar ? » fit une voix noyée dans la masse.

Cette fois, les rires furent plus francs.

« Le bar est juste derrière moi, répondit Tanaka sans se démonter. Des hôtesses vont passer prendre vos commandes dans quelques instants. Une autre question, peut-être ? »

Une dame d'un certain âge, peau tirée et bronzage artificiel, leva la main :

« Cette paroi transparente autour de nous, c'est vraiment solide ?

– Très solide, chère madame, affirma Tanaka. Vous n'avez rien à craindre, la couche de verre est plus épaisse que dix romans de Stephen King ! »

Nouvel éclat de rire général. Le célèbre écrivain, lunettes et barbe poivre et sel, se trouvait parmi les convives. Il salua la foule en souriant. Tout le monde applaudit son geste fair-play.

« Autre chose ? » s'enquit le guide, content de son petit effet.

Personne ne saisit la balle au bond. Il reprit :

« Bien. Je suppose que vous êtes tous impatients de visiter nos installations. Alors, trêve de paroles et place au spectacle ! »

Une légère secousse, à peine perceptible, et l'ascenseur se mit en branle. Au même instant, un carrousel de spots lumineux embrasa le plafond, comme dans une boîte de nuit, et une musique rock'n'roll jaillit des enceintes.

La longue descente commençait.

35

« C'est quoi, cette soupe ? » grimaça Alex Kington, le guitariste et leader du groupe IG 88 and the Assassins Droïds.

Son ami T.J. tendit l'oreille.

« Hum... On dirait du Elton John. La chanson qu'il a composée à la mort de Lady Di...

– Ça craint.

– C'est ce qui s'appelle de la musique d'ascenseur, mon pote. »

Il rit, content de lui. Tina et Mike, le batteur, firent de même. Alex resta coi. Il avait toujours eu une certaine tendance à la claustrophobie, ses amis le savaient... Mais là, le guitariste paraissait carrément sur le point de faire une attaque d'apoplexie. Avait-il présumé de ses forces en acceptant de venir chanter dans une station sous-marine ? Pâle comme la mort, il suait à grosses gouttes et mâchouillait un chewing-gum, les traits crispés, le regard lourd.

Une serveuse aborda les jeunes gens :

« Vous désirez quelque chose ? »

Alex répondit pour les autres :

« Quatre bières.

– Très bien, je vous les apporte tout de suite. »

Elle s'éloigna. Tina se lova contre le guitariste :

« Allez, décontracte-toi. »

Perdu dans ses pensées, il ne répondit rien.

L'ascenseur descendait depuis vingt bonnes minutes. Autour du groupe, la fête battait son plein. Certains invités dansaient (Elton John avait cédé la place à une musique type « carnaval de Rio »). D'autres regardaient un documentaire sur « Le cœur de l'océan » diffusé en boucle par les moniteurs vidéo. D'autres encore se perdaient dans la contemplation du vide marin. Des bancs de poissons venaient saluer les humains, avant de s'égailler, sans doute déconcertés par ce qu'ils apercevaient de l'autre côté de la vitre.

La serveuse revint avec les bières. Les quatre amis trinquèrent :

« À la gloire.

– Ouais. À la gloire !

– Et à la cause ! »

Le leader continuait à afficher une mine soucieuse. Il grogna :

« Soyez plus discrets, bordel !

– T'es sûr que ça va aller, vieux ? questionna Mike.

– Je... ouais. Je me sens juste un peu... oppressé. J'ai peut-être chopé l'ivresse des profondeurs. »

T.J. agita son index négativement :

« L'ivresse des profondeurs, ça n'arrive que quand on plonge avec les bouteilles, déguisé en homme-grenouille. Ici, tout est pressurisé. Tu ne cours aucun danger...

– Ouais, n'empêche... Je pense que je me sentirai mieux quand on sera sur scène. »

Alex sursautait à chaque petit bruit, à chaque vibration émanant du plancher.

« J'te comprends, confessa Mike. Moi aussi, j'suis pas hyper rassuré. Ça me rappelle cette séquence de *La Tour infernale* où ils prennent tous l'ascenseur.

– Trop cool, ce film, intervint T.J. en hochant énergiquement la tête.

– Ouais. Le meilleur film catastrophe de tous les temps. Guillermin a assuré grave.

– Tu veux dire "Irwin Allen a assuré grave." C'est lui qui a réalisé les scènes d'action. Guillermin ne s'est occupé que des séquences de bla-bla avec les stars.

– Ah bon ? En attendant, le film est top. »

Pour une fois qu'ils étaient d'accord…

« Et *L'Aventure du Poséidon*, tu l'as vus ?

– Yo. Pas mal. Surtout pour Gene Hackman.

– Et *Tremblement de terre* ?

– Une daube.

– *Avalanche* ?

– Une avalanche de clichés.

– *Météor* ?

– La moumoute de Sean Connery était très bien. Le reste du film, bof… »

Tina, toujours blottie contre son beau ténébreux, s'immisça timidement dans la conversation :

« Eh bien, pour moi, le meilleur film catastrophe, c'est le *Titanic* de Cameron, justement. »

Les deux cinéphiles éclatèrent d'un rire moqueur.

« Ma pauvre chérie, *Titanic* n'a rien d'un film catastrophe », contra T.J. avant d'avaler une bonne rasade de bière.

Mike compléta :

« Cameron a transgressé toutes les règles du genre : il se focalise sur seulement deux personnages, le héros meurt, le naufrage est un flash-back, il n'y a pas de chien, pas de vieux…

– Et le couple de petits vieux qui se noie en se tenant la main ?

– Bah, ça ne compte pas. Ils ne sont pas importants pour l'histoire. Non, vraiment, je t'assure, *Titanic* ne peut pas être classé dans la catégorie des films catastrophe ! »

Alex, jusqu'ici silencieux, aboya sèchement :

« Vous ne pourriez pas changer un peu de disque, bande de nazes ? Je vous rappelle qu'on a un objectif, ce soir. Concentrez-vous là-dessus ! »

Ils opinèrent, vaguement repentants.

« Bon, très bien. Et arrêtez de me les briser avec vos films catastrophe ! »

Décidément, le guitariste n'était pas à prendre avec des pincettes ce soir.

Un peu plus loin, Leonardo DiCaprio buvait une coupe de champagne en compagnie de quatre top-modèles blondes qu'on aurait pu croire clonées. Le temps paraissait ne pas avoir prise sur la star. Son visage possédait toujours cet air poupin, angélique, qui avait fait une partie de son succès. Subtil clin d'œil pour les fans, il portait le même smoking que lors d'une scène mémorable de *Titanic*, celle où son personnage fait une incursion remarquée dans le grand salon des première classe.

Les photographes ne quittaient pas la star des yeux. Leurs flashs crépitaient en rafale, effrayant les quelques poissons venus coller leur face apathique derrière le verre blindé. DiCaprio souriait, signait des autographes avec courtoisie, serrait des mains jusqu'à en attraper des crampes. Un pro. Un vrai.

Terence Granchester observait tout cela d'un œil distrait. Le glamour d'Hollywood n'exerçait sur lui qu'un attrait modéré. Le vrai pouvoir se trouvait ailleurs. Il soupira intérieurement et retint un bâillement. Une comtesse britannique, ravie d'avoir mis la main sur un compatriote, lui tenait la jambe depuis dix minutes. La brave femme racontait en détail ses dernières vacances sur le vieux continent. Son hôtel, la station de ski, la combinaison de sa fille, l'angine de son pékinois…

« Excusez-moi, chère madame, dit-il en prenant un air contrit. Je vois mon assistant qui me fait signe, là-bas… Je dois vous abandonner, mais ce n'est que partie remise. »

Il lui baisa la main et s'éclipsa *illico*.

De fait, Spota, son bras droit, se tenait à dix mètres de là, derrière une grappe de danseurs. Granchester vint se placer à son côté et murmura :

« Toujours aucun message de Wesson ?

– Rien.

– C'est gênant. J'aimerais bien savoir s'il s'est occupé de la petite dinde et de son chevalier servant. »

Ils marquèrent une courte pause, car une jeune femme éméchée passait près d'eux en faisant de grands signes à un groupe d'amies. Spota reprit :

« Personnellement, je n'ai jamais pu sentir ce Wesson, monsieur. Il y a plein d'autres tueurs sur le marché qui sont aussi efficaces sans avoir ses exigences de diva.

– Hum… Dans ce cas, expliquez-moi pourquoi le sabotage de la voiture s'est soldé par un fiasco, grinça Granchester. Wesson, lui, ne m'a jamais déçu. Enfin… pour l'instant. »

36

Il devait être aux alentours de 19 h 00 lorsque l'on frappa à la porte.

Paul Lomat ajustait son nœud papillon, debout devant la glace de la salle de bains, quand il entendit toquer. Trois coups espacés. Le code convenu avec Kathy.

« J'arrive, j'arrive », dit l'assureur.

Il ouvrit la porte. La jeune femme s'engouffra dans la pièce aussi vite qu'un courant d'air. Elle tenait dans ses mains des feuillets tout froissés. La peur se lisait sur son visage.

« Qu'est-ce qu'il y a ? » grinça Paul.

Elle s'éclaircit la voix :

« Mon ami Bertrand m'a recontactée. Il m'a envoyé ses conclusions et j'ai tout imprimé ! »

Paul parcourut rapidement les papiers. Des chiffres, encore des chiffres. Comme d'habitude, il n'y comprenait rien. Il haussa les épaules en signe d'impuissance :

« Et alors ?

– J'avais raison depuis le début ! Il y avait bien anguille sous roche ! »

Elle faisait les cent pas dans la petite chambre, surexcitée, les poings serrés. Paul remarqua qu'elle se mordait la lèvre inférieure jusqu'au sang.

« Est-ce que tu vas m'expliquer, à la fin, ou est-ce qu'il faut que je devine tout par moi-même ?

– Les boucliers, c'est de l'arnaque !

– Tu peux être plus précise ?

– Terence Granchester, l'entrepreneur, a falsifié le cahier des charges. Sur le papier, le dôme est censé fonctionner avec une eau de 0 à 3 °C, tu t'en souviens ? »

Paul fit « oui » du menton. Elle poursuivit :

« Bertrand m'assure que le faisceau est en fait réglé pour des températures n'excédant pas 2,75 °C. Il a fait le calcul en recoupant toutes les données téléchargées !

– Et pourquoi Granchester aurait-il réduit la marge initialement prévue ?

– Pour le fric, bien sûr ! Pour économiser quelques millions et les mettre dans sa poche ! Le faisceau a besoin d'aimants de focalisation pour rester très concentré. Chacun de ces gadgets coûte la bagatelle de 1 200 dollars et il en faut 10 000 par anneau. Tu imagines ?

– Je commence à me faire une idée, en effet...

– D'après mon ami, si les relevés qu'on lui a donnés sont exacts, il n'y a que 9 156 aimants par cavité accélératrice. Conséquence, le faisceau est très légèrement moins performant que prévu si on le pousse à la limite de ses capacités. »

Paul n'était peut-être pas un crack en physique, mais il avait toujours aimé le calcul mental. Il réfléchit à voix haute :

« 844 aimants économisés à raison de 1 200 dollars la pièce... Hum, Granchester a gratté un peu plus d'un million de dollars par anneau. Une somme pareille reste assez facile à "diluer", vu l'ampleur du chantier.

– Le problème, c'est que Damien fait la java juste au-dessus de nous. Si la zone de succion provoque une cheminée thermique, on va être dans de beaux draps !

– Granchester est complètement inconscient ou quoi ?

– Tu parles. Dis plutôt que lui et ses conseillers ne croient pas une seule seconde à ma théorie. Cela risque de leur coûter cher. Et à nous aussi, par la même occasion ! »

Paul se laissa choir sur son matelas. Il était pâle. Non, plus que pâle. Il était livide.

« Tu es certaine de ce que tu avances ? » fit-il d'une voix qui lui parut étrangement lointaine.

La réponse de l'océanographe tomba comme un couperet :

« Je suis affirmative à 100 %. »

Paul resta un moment silencieux. Une frousse vertigineuse l'envahissait.

« Qu'est-ce que tu comptes faire ? demanda-t-il, le moment de stupeur passé.

– Je vais essayer de prévenir Hamilton. Il doit évacuer tout le monde tant que le cyclone ne s'est pas calmé.

– Il ne va pas être ravi d'entendre ce que tu as à lui dire.

– Je sais. Mais il faut quand même que j'essaie. Trop de vies sont en jeu.

– Et moi, qu'est-ce que je peux faire pour me rendre utile ? »

La jeune femme sortit un téléphone portable de sa combinaison :

« Cache ça sur toi et va au rendez-vous, secteur nord, à 21 h 00. Cet appareil peut garder les conversations en mémoire. Il me sert de dictaphone, à l'occasion. Enregistre tout ce que racontera notre mystérieux ami. On doit réunir un maximum de preuves pour mouiller Granchester.

– Mouais… Et si notre "mystérieux ami", comme tu dis, n'est pas un ami, je fais quoi ? »

Kathy se renfrogna :

« Si tu as peur, je comprendrais. Dans ce cas-là, on échange les rôles. Tu essaies d'alerter Hamilton et je vais au rendez-vous. »

Piqué au vif dans son orgueil de mâle, Paul contre-attaqua :

« C'est bon, c'est bon… Je vais aller le voir, ton "Gorge profonde[7]". On t'a déjà dit que tu étais bougrement têtue, comme fille ? »

Elle se pendit à son cou et l'embrassa fougueusement. Lorsque leurs lèvres se séparèrent, elle murmura :

« Qui se ressemble s'assemble. »

Puis, après un dernier baiser, elle ajouta :

« Sois prudent. »

---

7 - Surnom de l'indicateur à l'origine du célèbre scandale du Watergate, dans les années 1970.

La jeune femme referma la porte derrière elle. Seul et désemparé, Paul marmotta pour lui-même :

« Prudent est mon troisième prénom. »

Il avait toujours eu le chic pour tomber amoureux de filles à problèmes, mais là, ça battait des records !

37

Escortés par Francis Tanaka, les deux groupes d'invités (160 personnes au total) se retrouvèrent sous le dôme nord vers 19 h 30. Comme escompté, la vision du légendaire paquebot fut *le* grand moment, découverte saluée par une salve d'acclamations et de superlatifs. Chacun avait le sentiment de vivre un événement unique.

Les journalistes se bousculaient pour arracher quelques paroles à Stirling Silliphant, dernier survivant connu du *Titanic*. Immobile, le vieillard contemplait l'épave restaurée avec une intensité déchirante. Des larmes coulaient le long de ses joues. Vonda McCaffery marcha sur le pied d'un confrère, en poussa un autre et tendit son micro sous le nez du centenaire.

« Monsieur Silliphant ! Pour Câble News ! Qu'éprouvez-vous en ce moment ? »

Le regard de Stirling restait rivé sur le paquebot. Il paraissait sur le point de défaillir. Daniel, son petit-fils, le soutenait comme il pouvait.

« M. Silliphant, réitéra Vonda en haussant le ton. Que ressentez-vous ?

– Je vous avais entendue la première fois. Je ne suis pas encore complètement sourd...

– Qu'éprouvez-vous, monsieur ? Nos téléspectateurs aimeraient partager ce moment privilégié avec vous. »

Stirling ne répondit pas tout de suite. Il était entouré par des dizaines de personnes et, paradoxalement, il avait l'impression d'être seul, coincé dans une faille, une bulle de l'espace-temps. Des images du quai de Southampton lui revenaient en vrac, s'envolaient comme un lâcher de ballons. Le port, noir de monde, qu'il regardait, juché sur les épaules de son père. Sa mère, radieuse. Rubans et dentelles. Le bruit de la foule. La corne de brume des autres bateaux qui saluaient le géant des mers pour lui souhaiter bon voyage. Confettis. Mouchoirs agités. Cris des mouettes. L'air iodé qui soufflait sur le pont des embarcations.

Instants perdus d'une époque révolue.

Il cligna des yeux et parut reprendre pied dans la réalité.

« Cela doit vous faire un choc, non? questionna Vonda McCaffery sans se décourager.

– Je suis stupéfait, dit simplement le vieil homme. »

Il marqua une pause. Vingt micros étaient braqués sur lui, mais il s'en fichait. Il avait tout son temps. D'ailleurs, dans un pareil moment, la notion de « temps » ne voulait plus dire grand-chose. Quand il parla de nouveau, ce fut d'une voix d'outre-tombe, grave, profonde, qui inspirait le respect.

« Il est dommage que nul ici ne s'avise de retenir les leçons du passé, soupira-t-il. Je suis stupéfait, oui. Stupéfait par le travail que M. Hamilton et ses collaborateurs ont accompli. C'est tout bonnement incroyable. Mais je suis également stupéfait par l'arrogance qui se dégage d'un tel projet. L'outil technologique le plus puissant n'est qu'une baguette de magicien bien dérisoire en comparaison des forces de la nature. Tout ce que peut faire l'homme, Dieu peut le défaire. Il l'a prouvé avec la tour de Babel, la cité de Ninive, le *Titanic*... Et il le prouvera sans doute encore.

– Vous pensez que la création de ce mémorial est une erreur? » demanda un envoyé spécial de CNN.

Le centenaire se crispa. « Mémorial »! C'était le terme employé par Deep Blue Dream pour passer un vernis de respectabilité sur leur parc d'attractions. Il allait répondre quand son petit-fils intervint :

« Heu, grand-père est très ému. S'il vous plaît. Je crois qu'il aimerait se recueillir quelques minutes. Soyez gentils, plus de questions et plus de photos pour l'instant. »

Le cercle des reporters se dispersa. Daniel Silliphant poussa un « ouf » intérieur. Un peu plus, et le vieux allait tout gâcher à force de jouer à l'oiseau de mauvais augure.

Vonda se tourna vers son cameraman :

« Tu as eu les larmes, c'est bon ?

– Affirmatif.

– Bon, OK, alors maintenant on essaie DiCaprio. »

Tanaka fit monter tout le monde sur le pont-promenade. Les invités allaient de ravissement en ravissement. Avant de descendre dans la salle de réception, on fit un petit crochet par la proue et le mât de gréement. C'est alors qu'un journaliste cria :

« Leonardo ! Une photo ! »

La requête fut reprise en cœur par tous les photographes.

« Une photo ! Une photo ! *Please* ! »

La star commença par minauder en agitant la main négativement puis, devant l'insistance de ses fans (et des autres), elle céda.

« Leonardo ! Leonardo ! » scandait la foule.

Surprenant tout le monde (y compris ses deux gardes du corps), il sauta à la pointe du paquebot, s'agrippa au mât et hurla, bras écartés :

« Je suis le roi du monde ! »

Le délire fut général et instantané. Les flashs illuminèrent la coupole nord comme en plein jour. On applaudit à tout rompre, on rit, on siffla. DiCaprio jubilait. Il redescendit sur le pont en saluant l'assistance, d'ores et déjà conquise.

« Waouh, lâcha-t-il dans un souffle. Cela faisait des années que je n'avais pas essayé ce truc-là ! »

Vonda McCaffery, une fois l'hystérie retombée, attrapa son cadreur par la manche :

« Surtout, ne me dis pas que tu as raté ça…

– Je l'ai eu, m'dame. C'est dans la boîte.

– Bon. Parfait. Aide-moi à trouver Stephen King. »

38

Le grand escalier des première classe, avec sa verrière à l'armature de fer forgé, ses panneaux de chêne poli, ses lustres aux mille reflets, était le clou de la visite. Quand tout le monde fut rassemblé dans le hall du pont D, Murray Hamilton apparut, smoking de rigueur et sourire de vainqueur. Nouveaux applaudissements. Nouveaux flashs. Nathan l'accompagnait. Il jetait des regards anxieux sur le public comme s'il cherchait quelqu'un.

Le père et le fils vinrent se placer sur l'avant-dernier palier, à côté de la célèbre pendule ornée par deux sculptures allégoriques : l'Honneur et la Gloire.

Rien de moins. La grande aiguille était sur le zéro et la petite sur le huit.

« Merci à tous d'avoir accepté notre invitation », commença le P.-D.G. de Deep Blue Dream.

Rien n'avait été laissé au hasard. Un souffleur était chargé de lui rappeler son discours, *via* une oreillette, si jamais un trou de mémoire se présentait. Mais le Boss avait une mémoire d'éléphant. Il enchaîna :

“Tout ce qu'un homme est capable d'imaginer, d'autres hommes sont capables de le réaliser”... Cette phrase n'est pas de moi mais de Jules Verne. Pourtant, ce soir, l'espace d'une nuit, si vous me le permettez, j'aimerais la faire mienne. »

Applaudissements. Les premiers d'une longue série.

« Je suis à la fois fier et anxieux. Fier, car toute notre équipe a vraiment fait le maximum pour hisser ce mémorial à la hauteur de mes rêves les plus fous. Anxieux, car, à présent, cette œuvre nous échappe. À partir de ce soir, elle appartient à vous, historiens, journalistes et public en général. (Il marqua une pause, puis reprit.) Je sais que cette entreprise a soulevé de nombreuses polémiques. Je comprends et respecte les réserves qu'elle a pu susciter. J'espère simplement que nos détracteurs, car certains sont présents ici ce soir, verront d'un autre œil "Le cœur de l'océan", maintenant qu'ils peuvent juger sur pièces. Tout ce qui vous entoure – ces années d'effort, ces millions dépensés – est la preuve du soin que nous avons apporté à chaque détail de ce grand et beau projet. Mais, plus important que les dollars, plus important que l'exploit technologique, il y a l'esprit. Cet esprit qui a présidé à chacune des phases de l'élaboration du "Cœur de l'océan". Je le résumerai en deux mots : "respect" et "mémoire". »

L'assistance applaudit. Vonda McCaffery était en contact avec son réalisateur par le biais d'une oreillette ; elle discutait avec lui tout en répercutant les consignes au cameraman.

« Tu peux arrêter de filmer, ils envoient les pubs. On reprend l'antenne dans cinq minutes… »

Hamilton, lui, était déjà reparti sur les chapeaux de roue.

« Je voudrais remercier plusieurs personnes sans qui ce rêve n'aurait jamais pu se concrétiser : John Berg, qui nous a permis de créer des champs moléculaires d'un diamètre jusqu'ici inégal (*applaudissements*). William Devanne et Jason Thorne-Smith, les premiers banquiers à avoir dit "Banco !". Merci à eux (*applaudissements*). Terence Granchester, qui a supervisé la construction de ce complexe. Je t'ai vu, Terence (*applaudissements*). *Granchester fit un petit geste au public.* Walter Scotch, notre conseiller historique (*applaudissements*). Et, dans le désordre – pardon d'avance à ceux que j'oublierai ou dont j'écorcherai le nom, c'est l'émotion, comme on dit – merci, donc, à Jack Horner, John Zapruder, Francis Tanaka, les assurances Graham and Shusters, Marion Morisson, James Cameron, Ken Marschall, Leonardo DiCaprio. Super, votre dernier film, Leonardo. Isaac Washington, Hank Christie, Alex et Delphine Kresge… Merci à tous. Vous êtes les meilleurs ! »

La fin du discours se perdit dans un tonnerre d'applaudissements, de cris, de vivats.

« Allez, j'arrête de vous ennuyer. Maintenant, la consigne est simple : amusez-vous ! »

On fit entrer tout le monde dans la salle à manger. Encore une fois, le décorum (style Jacques Ier d'Angleterre) était magnifique. Les grandes baies vitrées sur 30 mètres de long côtoyaient des alcôves, des fenêtres à vitraux. On avait érigé un podium dans un angle de la pièce. Juste en face, un buffet pantagruélique trônait devant une haie de serveurs en livrée. Hamilton s'était adressé au meilleur traiteur de la côte est. Toasts, petits-fours, saumon et caviar à profusion. Un premier bouchon de champagne sauta. Ce fut le signal de la ruée. En moins de trente secondes, l'appétissant étalage fut pris d'assaut par la meute des convives affamés.

Nathan Hamilton se fraya un passage parmi la foule. Il venait enfin de repérer son amie Tina. Cette dernière paraissait en grande discussion avec les trois autres membres de son groupe. Une discussion assez houleuse, si l'on se fiait à leur tête.

« Tina ! Tina ! »

Elle l'aperçut à son tour et agita la main. L'adolescent dut jouer des coudes pour arriver jusqu'à elle. Lorsque ce fut chose faite, il l'embrassa avec enthousiasme, le cœur battant.

« Qu'est-ce qui ne va pas ? » fit-il, un peu surpris.

Elle lui avait à peine rendu son baiser et s'était crispée sous son étreinte. Il la sentait plus tendue qu'une corde à piano.

« On vient de discuter avec Zapruder, l'organisateur, bougonna-t-elle. Il y a un changement de programme. On ne joue plus à la fin du show mais au début… »

Alex Kington prit le relais :

« Et, surtout, on n'a plus cinq chansons mais une seule ! Tu parles d'une arnaque. Tout ça à cause du magicien de service qui doit prétendument effectuer un numéro plus long que prévu… Paraît qu'il va faire disparaître tout le bateau, ce gros naze !

– Je suis désolé, bredouilla Nathan. Mais… le principal, c'est que vous passiez en Mondiovision, non ? Même pour une chanson… Choisissez la meilleure des cinq.

– T'inquiète pas, siffla le guitariste avec un air mauvais. On a déjà choisi. Toi et ton papa, vous allez adorer. »

Il partit en bousculant le fils du milliardaire. T.J. et Mike lui emboîtèrent le pas.

« Qu'est-ce qu'il a voulu dire ? » grogna Nathan.

Tina soupira :

« Rien. Rien du tout. Il est juste nerveux… Je dois te quitter maintenant. Il faut qu'on s'habille pour le show. »

Le jeune homme la regarda s'éloigner, la gorge nouée par un étrange pressentiment.

39

Après une demi-heure d'efforts, d'esquives et de ruses en tous genres, Katherine Wells réussit à franchir le cordon des vigiles qui la séparait de Murray Hamilton. Justement, le Big Boss trinquait avec Terence Granchester. La confrontation promettait d'être aussi piquante que les bulles qui dansaient dans leur flûte en cristal.

« Monsieur Hamilton ! »

Elle arriva sur lui, buste en avant, comme une sprinteuse en fin de course, emportée par son élan.

« Holà ! dit Hamilton en faisant un léger écart. Vous savez combien coûte ce champagne ? Et ce smoking ? Vous avez failli bousiller les deux ! »

Trois gardes du corps s'avancèrent pour attraper Kathy, mais le P.-D.G. leur fit un petit geste signifiant « laissez filer ».

« Qu'est-ce qui vous arrive, mademoiselle... ?

– Wells. Katherine Wells. Je travaille pour vous. Section météo. Il faut absolument que je vous parle. »

Granchester se raidit instantanément. Il vit Spota, son fidèle bras droit, qui s'approchait, prêt à intervenir.

« Eh bien, allez-y, proposa le patron de Deep Blue Dream, sur la défensive. Mais je vous préviens, Miss Wells, je n'ai pas beaucoup de temps à vous consacrer. Vous comprendrez que je dois m'occuper de mes invités, n'est-ce pas ?

– Oui, bien sûr, je comprends tout à fait. »

L'océanographe essaya de se calmer. Elle ne tenait pas à passer pour l'hystérique de service.

« Je crois que nous avons de sérieux problèmes avec les boucliers moléculaires », attaqua-t-elle pourtant de but en blanc.

Hamilton fronça les sourcils. Granchester, embarrassé, se rétracta comme une huître au contact du citron.

« Pourriez-vous être plus précise, je vous prie ? » demanda le Big Boss avec le maximum de courtoisie qu'il se sentait capable d'afficher.

Kathy acquiesça et pointa son index vers le dandy britannique :

« Ce personnage ici présent à fait l'impasse sur 1 688 aimants de focalisation. Les écrans risquent de chauffer s'ils sont confrontés à une eau de plus de 2,75 °C !

– Grotesque ! s'offusqua Granchester.

– J'ai des preuves ! riposta la jeune femme. Ceci ! »

Elle montrait ces colonnes de chiffres imprimés comme s'il s'agissait du Saint-Graal. Hamilton paraissait osciller entre la perplexité et l'agacement.

« Je ne suis pas physicien, mademoiselle.

– Faites une enquête. Vous verrez que j'ai raison !

– Elle délire, aboya sèchement l'aristocrate. Qu'est-ce que vous avez bu, ce soir, ma petite ? »

La jeune femme fit comme si elle n'avait rien entendu pour se concentrer sur Hamilton. Elle plongea son regard bleu pâle dans les yeux du P.-D.G., assénant chaque mot avec une conviction sans faille :

« Il faut faire évacuer le public. Tout de suite.

– Le bouclier a bien tenu jusqu'ici, répliqua le Big Boss. Qu'est-ce qui vous fait croire qu'il va craquer, maintenant, au beau milieu de cette réception ?

– Le cyclone Damien. Il tourbillonne trois kilomètres au-dessus de nous. Les cheminées thermiques ! Il faut les empêcher de…

– Cela suffit à présent ! cria Granchester, laissant pour une fois son flegme au vestiaire. Vous vous donnez en spectacle. Vous êtes ridicule. »

Il claqua des doigts. Spota se matérialisa à côté de lui comme par enchantement. L'homme à tout faire prit Kathy par le bras et l'entraîna sans ménagement vers la sortie.

« Quelle drôle de fille ! dit Hamilton, pensif, sa coupe toujours levée. Vous avez compris de quoi elle parlait, Terence ? »

Granchester secoua la tête.

« Pas un traître mot. Sans doute une arriviste qui cherche à se faire mousser. Vous feriez bien de la virer dès lundi matin. »

Le P.-D.G. avait l'air un peu perdu, comme un dormeur réveillé trop brusquement. Il regarda son associé, le front légèrement plissé.

« Dites-moi, Terence, nous sommes bien en sécurité, ici, n'est-ce pas ?

– Bien sûr que nous sommes en sécurité. Voyons, Murray, quelle question… Ma présence en est la meilleure preuve. Je ne suis pas suicidaire, croyez-moi. »

Il essaya de sourire, mais la grimace qui se forma sur ses lèvres exprimait un tout autre sentiment.

Paul Lomat avançait dans l'anneau d'entretien nord, ses sens en éveil. Il avait franchi les postes de sécurité, un par un, grâce à son passe rouge, l'équivalent du « Sésame ouvre-toi » dans ce complexe ultra-surveillé. Le bruit de ses pas se répercutait en écho, courait le long des canalisations pour finir par se perdre dans le dédale de béton armé.

Des plaques délimitaient les portions de coursive, tous les cinq mètres.

A-N 12.

Il y était.

Il regarda sa montre. 20 h 45. Il avait un quart d'heure d'avance sur le rendez-vous. Tant mieux. Cela lui permettrait de repérer un peu les lieux, de flairer les pièges, s'il y en avait… ce dont il ne doutait pas une seule seconde.

« Ne bougez pas », fit une voix sur sa gauche.

Un homme sortit de l'ombre, à trois mètres de lui. Il portait un bleu de travail, un casque d'ouvrier et tenait un drôle de petit revolver dans les mains. Paul louchait presque sur l'arme de poing. L'inconnu intercepta son regard.

« C'est un alliage en céramique, expliqua-t-il avec complaisance. Très pratique pour passer les portiques et autres détecteurs de métaux. Il est tout petit, mais je vous garantis qu'il fait des trous comme les grands. Alors, pas d'idiotie. »

Paul eut un sourire pincé :

« Je me doutais que j'allais tomber sur vous. »

Il avait reconnu l'homme au visage émacié. L'homme de la navette. L'homme de l'échafaudage.

« Alors pourquoi êtes-vous venu ?

– Parce que je suis le roi des crétins. »

Il essayait de réfléchir à toute vitesse. Il glissa les mains dans ses poches, machinalement. Le dictaphone de Kathy avait une fonction « déclenchement vocal ». Il s'était mis en marche dès les premiers mots de l'inconnu.

« Qu'est-ce que vous me voulez ? articula-t-il avec difficulté.

– Je suis payé pour vous tuer. »

Cela avait le mérite d'être clair.

« Vous bossez pour Granchester ?

– Oui. »

Là aussi, c'était clair. Ce type, quelle que fût son identité, ne s'embarrassait pas de circonvolutions. Gagner du temps ! C'était la seule solution.

« Votre patron est un salopard. Il va tous nous tuer avec ses magouilles.

– Sans blague.

– Je ne plaisante pas. Le bouclier au-dessus de nous, c'est de la camelote. Il peut flancher d'un moment à l'autre. »

Wesson secoua la tête, l'air de dire « Mais où va-t-il chercher tout ça ? ». Il n'était pas rare que ses proies, avant de mourir, inventent n'importe quoi pour grappiller quelques secondes. Et plus l'instant de la mise à mort approchait, plus les bobards étaient énormes, comme si l'imagination humaine se trouvait démultipliée par l'approche de l'inéluctable.

Le tueur leva son arme.

« Passez devant. Je vous promets que ce sera rapide et sans douleur. »

Il disait vrai. Il n'aimait pas faire souffrir les gens inutilement. En plus, il trouvait le pauvre bougre presque sympathique… L'image d'un chalet enneigé se matérialisa dans son esprit. « Mon dernier contrat, songea-t-il, plus troublé qu'il ne voulait bien le montrer. Le dernier… » Décidément, il était temps qu'il arrête ce job.

40

Pam Johnson, l'opératrice « bouclier » du QG, mangeait son sandwich au *pastrami* tout en gardant un œil sur les écrans de contrôle. Dire que, 500 mètres plus loin, on s'empiffrait de canapés à 15 dollars pièce ! Bah, quelqu'un finirait bien par lui apporter quelques petits fours rescapés de la razzia.

Elle arrêta de mâcher son pain de mie en apercevant le voyant rouge qui clignotait sur le devant de la console principale.

« Qu'est-ce qui se passe ? » souffla la jeune femme dans un murmure à peine audible.

Des chiffres s'affolaient :

1,87 °C... 2,01 °C... 2,19 °C...

La température aux abords du dôme nord augmentait. Pam vérifia les autres instruments. Il se passait quelque chose, indiscutablement. La pression décroissait, de même que la salinité, et le palpeur de courant s'affolait.

« Merde... » dit-elle simplement.

Un bout de salade pendouillait à la commissure de ses lèvres ; elle ne prit même pas la peine de l'enlever.

2,31 °C. Et ça continuait !

Elle fit glisser son siège à roulettes vers son collègue le plus proche :

« Dave, tu peux venir voir ça, une seconde ? »

Un garçon frisé leva la tête de son roman.

« Eh, t'as de la salade sur la...

– M'en fiche. Viens voir ça, bon Dieu ! »

Katherine Wells et le dénommé Spota débouchèrent sur le pont des embarcations, complètement désert si l'on exceptait les marionnettes qui poursuivaient leur cycle de mouvements programmés.

« Lâchez-moi, maintenant, ça suffit ! » couina l'océanographe.

Le larbin de Granchester s'exécuta mais lui arracha ses documents dans le même mouvement.

« Rendez-moi ça ! Vous n'avez pas le droit ! »

Il déchira méthodiquement les feuillets, sous les yeux sidérés de Kathy.

« Vous… Ça ne sert à rien ! cracha-t-elle. J'en ai des doubles, qu'est-ce que vous croyez ? »

Il jeta les bouts de papier sur le parquet et s'approcha, menaçant :

« Vraiment ? »

Elle voulut le gifler, mais il intercepta son geste à mi-course. La jeune femme sentit un étau de fer se refermer sur son poignet.

« Qui vous a transmis ces données, mademoiselle ? »

« Et maintenant, le groupe IG 88 and the Assassins Droïds ! »

Une explosion de fumigènes secoua la scène. Les volutes cotonneuses se dispersèrent pour révéler Tina et ses camarades, vêtus dans le plus pur style cyberpunk.

Le « synthé-sax » de Mike entama l'intro du morceau, un trio de notes jouées en boucle, puis drums et guitare entrèrent en action.

Nathan se tenait à côté de son père. Il battait la mesure de la tête, tout son être projeté vers une seule et unique personne : Tina. Jupe d'écailles métalliques, bustier en tissu chromogène, bas toile d'araignée et maquillage kabuki. Elle en jetait !

Murray Hamilton essayait de battre la mesure, lui aussi, mais avec son pied. Il regardait son gamin du coin de l'œil. Nathan avait l'air content. Non, plus que content. En fait, il ne l'avait pas vu aussi heureux depuis des années. Depuis le départ de sa mère, pour être plus précis. Cela réchauffa la fibre paternelle qui sommeillait en lui. Une pensée fugitive lui traversa l'esprit : il vivait son heure de gloire, la récompense suprême de longues années de labeur et, finalement, tout ce qui lui importait, c'était le simple fait de voir son fils sourire.

La soirée s'annonçait grandiose à plus d'un titre !

Spota tomba à genoux en mugissant une octave plus haut que son timbre habituel. Le coup de genou expédié par Kathy avait mis en plein dans le mille, là où les mâles sont particulièrement vulnérables.

L'assistant de Granchester grimaça, laissa la douleur s'estomper durant une poignée de secondes, puis s'appuya sur le mur de la timonerie.

« Revenez tout de suite, espèce de petite... »

Mais la jeune femme était déjà loin.

2,45 °C. La température montait toujours.

« Hum... C'est de l'eau plus chaude qui vient d'en haut, commenta Dave. Ça nous est déjà arrivé une ou deux fois, j'crois. Y a pas à s'inquiéter. Elle ne dépasse jamais 3 °C. C'est l'avantage de l'Atlantique Nord. »

Pam Johnson se leva de son siège. Elle fit quelques pas en direction de la baie circulaire. Ses yeux se plissèrent. Dave et deux autres techniciens vinrent à sa hauteur.

« Tu vois quelque chose ? »

Elle hocha la tête sans quitter du regard un point précis.

« Là, au-dessus du dôme nord... »

Les trois autres se penchèrent vers la vitre. En se concentrant un peu, on arrivait à distinguer une sorte de remous à la verticale du bouclier, une colonne de fluides qui miroitait, ondulait et se tortillait comme un effet d'optique dans le désert.

Pam retourna précipitamment à sa console principale.

2,56 °C… 2,68 °C… 2,75 °C…

Plusieurs voyants se mirent à clignoter.

« J'aime pas ça du tout », grinça-t-elle.

Dans le terminal de maintenance n° 4, Bill, le vigile de garde, bafouilla un galimatias inarticulé. Autour de lui, les instruments paniquaient et les alarmes se déclenchaient une par une.

Il toucha du plat de la main le panneau accolé à l'accélérateur linéaire et bondit en arrière. Le métal chauffait comme une poêle à frire.

Étouffant un juron, il composa le code du QG sur sa ligne directe.

« Oui… Oui, je sais, fit Pam en consultant ses cadrans pour la dixième fois. Restez calme, Bill. L'écran peut résister à une eau à 3 °C. »

Elle recevait des messages identiques des trois autres terminaux de l'anneau nord. Les vigiles flippaient. Elle ne pouvait pas vraiment les en blâmer. En revanche, du côté de l'Olympic, la température restait stable. Pour le moment.

« Eh ! regardez ! s'exclama l'un des trois opérateurs. On dirait que ça… que ça se dissipe… »

En effet, la tornade translucide qui léchait le dôme paraissait perdre de sa consistance, de sa netteté.

Pam focalisa son attention sur l'écran du palpeur de courant.

« La turbidité chute ! » glapit-elle avec un soulagement non feint.

La température, elle aussi, descendait à vue d'œil.

2,84 °C… 2,79 °C…

« On est sauvés », songea-t-elle en relâchant ses muscles.

Paul marchait dans le couloir gris, suivi de près par le tueur. Son cœur tambourinait. Le temps passait et aucune idée de génie ne lui venait. En résumé, il était mal parti. D'après ses calculs (et les plaques sur les murs), ils se trouvaient à mi-chemin entre les terminaux 3 et 2. Peut-être qu'en arrivant sous le n° 2 il pourrait faire du bruit pour alerter le vigile de garde... Peut-être...

La cavité située au-dessus d'eux émettait des bruits bizarres depuis quelques minutes. Craquements en tous genres, vrombissements jouant dans le spectre des basses fréquences, grésillements, comme lorsqu'un papillon de nuit se frotte de trop près à une lampe.

« C'est pas normal, ce bruit, risqua Paul.

– Tais-toi et avance, lui intima l'autre.

– Qu'est-ce que vous allez me faire ? Me tirer dessus ? Pas terrible pour un accident...

– Mais parfait pour un suicide. Je t'ai déjà préparé une très jolie lettre d'adieu du genre "Elle ne m'aimait pas. Snif snif. Pourquoi la vie est-elle si cruelle ? Etc.". Il ne te reste qu'à la signer. »

De plus en plus mal parti...

Lorsqu'il entendit les premières paroles de la chanson, Nathan Hamilton vit le visage de son père passer par plusieurs stades : l'incompréhension, la peur, puis une colère noire, terrible, incontrôlable.

Et pendant ce temps Tina chantait, devant un milliard de téléspectateurs :

« *Heart of the ocean, heart of trash!*
What do you think, babe?
That you can buy the past?[8] »

---

8 - « Cœur de l'océan, cœur de la pourriture !
Qu'est-ce que tu crois, bébé ?
Que tu peux acheter le passé ? »

Nathan avait cessé de secouer la tête en rythme avec la musique. Sa mâchoire pendait, pathétique. Il n'en croyait pas ses oreilles.

« Qu'est-ce que ça veut dire ? éructa son père, fou furieux.

– Je… J'en sais rien, p'pa… »

« Heart of the ocean, heart of trash!
Keep your money, babe!
Capitalism is the ennemy![9] »

Murray Hamilton se tourna vers John Zapruder, l'organisateur de la soirée.

« Qu'est-ce que c'est que ces conneries, John ?

– Je… Je ne comprends pas. Ils n'ont pas du tout chanté cette chanson à la répétition.

– Arrêtez-moi ces dingues ! Et coupez ces saloperies de Bon Dieu de caméras ! »

« Heart of the ocean, heart of trash!
What do you think, babe?
That mother sea is Disneyland?
Are you crazy, babe?
Keep your dollars!
You're just a slave![10] »

Dix gardes sautèrent sur la scène.

La suite fut assez confuse.

---

9 - « Cœur de l'océan, cœur de la pourriture !
Garde ton argent, bébé !
Le capitalisme est l'ennemi ! »
10 - « Cœur de l'océan, cœur de la pourriture !
Qu'est-ce que tu crois, bébé ?
Que la mère-océan, c'est Disneyland ?
T'es cinglé, bébé ?
Garde tes dollars !
Tu n'es qu'un esclave ! »

« Oh non, on dirait que ça recommence… »

Le technicien avait parlé d'une voix qui paraissait sortir du sépulcre.

Pam leva encore une fois les yeux de son tableau de contrôle. Elle transpirait.

« Dieu tout-puissant… »

Le tourbillon se reformait au-dessus de la coupole. Il était à nouveau clairement visible.

« La température remonte. 2, 80 °C… 2,88 °C…

– Réseau électrique en surcharge ! cria quelqu'un dans son dos. On va droit au court-jus ! »

L'instant suivant, la lumière s'éteignit.

Paul entendit une sorte de « scriiiiiitch » suraigu. Ses cheveux et les poils de ses avant-bras se dressèrent, puis ce fut l'obscurité.

Il n'hésita pas une seule seconde.

Son poing partit, comme s'il était monté sur piston, et toucha Wesson au niveau du buste (estomac ? poitrine ? sternum ? Il n'aurait su le dire avec précision). Les deux hommes s'empoignèrent. L'assureur heurta la paroi avec son front et vit 36 chandelles.

Blam ! Une balle lui frôla la joue. Des éclats de béton giclèrent.

Dans le terminal de maintenance n° 4, Bill, le vigile, ne savait plus à quel saint se vouer. Ses appareils devenaient fous. C'était un exercice d'alerte ou quoi ? Il recomposa le numéro du QG.

Au même instant, son principal panneau de commande explosa dans un déluge de flammes et de fragments en tous genres. Le terminal parut entrer en éruption. Bill fut tué sur le coup. Il ne vit pas la microfracture dans la vitre de Plexiglas renforcé. Il ne vit pas l'habitacle se ratatiner comme une canette écrasée par un coup de talon rageur. Il ne vit pas l'océan qui, pulvérisant l'écoutille du plancher, s'engouffrait avec avidité dans la brèche ouverte.

Le grondement figea les deux combattants.

Un bruit sourd. Une cavalcade. Le piétinement d'une charge de bisons.

La lumière revint.

« Nom de… » commença Paul.

Il ne termina jamais sa phrase. En moins d'une seconde, le torrent les balaya.

QUATRIÈME PARTIE

L'APOCALYPSE

« Une blanche lumière emplit silencieusement le monde.
Et les bons comme les méchants furent anéantis. »

Stephen King, *Le Fléau*

41

Dans la salle à manger des première classe, les délicats luminaires s'éteignaient et se rallumaient par intermittence. Un murmure inquiet se propagea parmi l'assistance. Sur le podium, le service d'ordre avait ceinturé Tina et ses amis au terme d'une courte mais violente échauffourée. Nathan, incapable de lever le petit doigt, paraissait en état de choc.

Un roulement de tonnerre lointain se fit entendre. La lumière s'éteignit encore une fois. Les spots couplés aux caméras vidéo balayaient la pièce spasmodiquement. On aurait dit les projecteurs d'une DCA cherchant dans tous les sens un avion à abattre.

« Filme... Filme tout ce que tu peux », souffla Vonda McCaffery à l'oreille de son cameraman.

L'excitation et la peur aiguillonnaient son instinct de journaliste. Quelque chose allait arriver. Elle le sentait.

« Qu'est-ce qui se passe, à la fin? » s'emporta Murray Hamilton.

Une voix dans le public cria « Sauvez Leonardo! », ce qui déclencha une série de rires nerveux.

John Zapruder appela le centre de commande.

« Allô, vous m'entendez? Allô?... »

Ce fut un technicien nommé Dave qui « décrocha ». Les autres opérateurs se concentraient sur leurs instruments dans une ambiance de fin du monde.

« Euh... Oui, monsieur Zapruder, nous avons quelques problèmes... Une surcharge du réseau électrique... Je vous conseille de rapatrier tout le monde vers l'ascenseur panoramique, pour plus de sûreté… »

Une console explosa juste à côté de Dave, le projetant au sol, les tympans vibrants.

« Incendie ! Incendie ! »

Une fumée noire puis des flammes s'élevèrent d'un amas de fils fondus. Une pluie diffuse jaillit du plafond, mais le feu continuait de se tortiller convulsivement.

« Manquait plus que ça », gémit Pam Johnson.

Où étaient donc ces fichus extincteurs ?

Max Noodles, le chef du département météo, déboula dans la pièce à cet instant. Ignorant le feu, la pagaille et les cris, il avança jusqu'à la baie vitrée, fasciné. Il venait d'apercevoir une sorte de masse fluide qui ondulait doucement à la lueur bleutée des HMI. Elle évoquait un serpent géant, charmé par une flûte. Les théories de Kathy (ces théories abracadabrantes qu'il avait si souvent raillées) lui revinrent en mémoire.

« Cheminées thermiques », fit-il, les lèvres sèches.

Katherine Wells avait trouvé refuge dans l'un des ascenseurs externes qui desservaient le pont des embarcations. L'engin s'était immobilisé à mi-course durant sa descente. Après trente secondes d'obscurité, la loupiote de secours avait baigné l'espace confiné de sa lumière rouge.

Il y avait eu ce bruit sourd, lointain mais quand même très préoccupant. Puis plus rien.

« Eh oh ! cria la jeune femme. Y a quelqu'un ? Je suis bloquée ! »

La cabine devait s'être arrêtée entre les ponts D et E. La salle de réception ne se trouvait pas très loin. Elle tapa sur la porte de toutes ses forces.

« Je suis coincée ! Aidez-moi ! »

« On doit faire évacuer tout le monde, annonça John Zapruder sur le ton de la confidence.

– Quoi ? » s'étrangla Murray Hamilton.

Francis Tanaka et Terence Granchester s'étaient discrètement rapprochés.

« Ça a l'air plutôt sérieux, soupira l'organisateur. Les ascenseurs sont en panne. Je propose qu'on prenne l'escalier de service. Direction : la coursive nord et les capsules de sauvetage. Mais il faut agir dans le calme. Nous devons éviter à tout prix la panique. »

Le Big Boss ne répondit rien, le visage congestionné par la frustration. Lentement, il pivota en direction de Granchester.

« Terence, j'espère que vous n'avez rien à voir avec ce… cet incident…

– Mais bien entendu, bredouilla l'aristocrate. Je suis comme vous. Je ne comprends pas ce qui se passe… »

Hamilton lui laissa le bénéfice du doute. Il se tourna vers Tanaka :

« Francis, montez sur le podium et faites une annonce. Soyez rassurant. Dites-leur que la fiesta est transférée dans l'ascenseur panoramique pour raisons de sécurité. Et, surtout, pas d'affolement.

– Bien, monsieur. »

Paul et le tueur, emportés comme de simples fétus de paille, se cognaient contre les parois, rebondissaient, crachaient de l'eau. L'espace d'une seconde, Paul repensa à l'après-midi qu'il avait passé en Floride, deux ans plus tôt, dans un Marineland, avec sa fille. Stacy l'avait entraîné dans l'un de ces interminables toboggans aquatiques. Il avait le sentiment de revivre la même chose… puissance dix !

Soudain, entre deux gorgées d'eau glacée et salée, il aperçut une échelle de service qui sortait du plafond voûté. Elle fonçait droit sur eux. Il tendit la main et agrippa un barreau de fer. Wesson l'imita. La force du courant était redoutable. Leurs doigts glissaient sur le métal humide. Le torrent fou cinglait leur visage, leurs épaules, sifflait à leurs oreilles.

Wesson, plus vigoureux, réussit à se hisser partiellement hors des flots. Il se mit en devoir de frapper comme un forcené sur l'écoutille en haut de l'échelle. On aurait dit une grosse plaque d'égout jaune. Les poings du tueur s'écrasaient avec force sur le métal.

« Ouvrez-nous ! Ouvrez-nous, bon sang ! »

Un panneau étanche s'était abattu un dizaine de mètres plus loin. Le niveau de l'eau montait à vue d'œil. Dans moins d'une minute, cette portion du tunnel serait entièrement inondé. Paul toussa. Il allait lâcher prise. Il le sentait. Soudain, chose incroyable, le tueur le saisit par le bras et l'aida à grimper un barreau, puis deux.

« Accrochez-vous. »

L'assureur n'en revenait pas. Moins de cinq minutes plus tôt, cet homme voulait le tuer, et maintenant il lui sauvait la vie ? « Absurde ! » pensa-t-il, mais il se garda bien d'en faire la remarque à voix haute. Ce n'était ni le lieu ni l'heure pour entamer un débat sur l'éthique des assassins professionnels.

Un bruit de déverrouillage. Bruit béni entre tous !

L'écoutille se souleva lourdement et un vigile à peine pubère passa son visage ahuri dans l'entrebâillement.

« Montez ! Grouillez-vous ! »

Le tueur et sa cible obéirent sans se concerter !

Ils pénétrèrent dans le terminal de maintenance n° 1. L'endroit était en tous points semblable à celui qui avait implosé avec l'infortuné Bill. Le vigile referma l'écoutille alors que les deux hommes, à bout de forces et trempés, se laissaient tomber sur le plancher. Ils claquaient des dents, frigorifiés.

« Ça va ? » s'enquit le garçon en uniforme gris.

Il avait un grand nez et la peau crevassée. Son badge portait le nom de « Tim O'Hara ». Wesson lui répondit par une autre question :

« Est-ce qu'il y a moyen de sortir d'ici ?

– Qu'est-ce qui se passe, à la fin ? glapit le jeune homme d'une voix qui ressemblait à un vieux vinyle passé à la mauvaise vitesse. Ça fait cinq minutes que j'essaie de joindre le QG et personne me répond !

– Ils ont sans doute d'autres chats à fouetter », marmonna sombrement Paul.

Pendant ce temps, Wesson inspectait la pièce du regard. Il s'arrêta sur une grosse porte étanche, à côté du hublot rectangulaire.

« Ce sas, là, il communique avec l'extérieur ? »

Tim fit « oui » de la tête.

« Et dans ce placard, il y a bien des combinaisons ? »

Nouveau hochement affirmatif.

« Bon, alors, je propose qu'on tente une sortie. L'écoutille ne résistera pas bien longtemps à la pression de l'eau.

– Attendez, attendez ! protesta le vigile. Les scaphandres sont réservés à l'équipe de maintenance et on n'a pas le droit de… »

Des étincelles crépitèrent dans son dos. Les modules d'affichage commençaient à se gondoler sous l'effet de la chaleur.

« Euh, finalement, vous avez peut-être raison », acquiesça Tim O'Hara.

42

La salle de contrôle envahie de mousse ressemblait à une crèche vivante recouverte de neige artificielle… avec des techniciens en guise de rois mages ! Ces derniers et les vigiles couraient dans tous les sens. Martinez, le chef de la sécurité, s'était joint aux combattants du feu. Il ne leur avait pas fallu plus de cinq minutes pour maîtriser les différents foyers. On ne déplorait aucune victime. Un miracle. Le vigile remarqua Max Noodles, figé comme une statue de cire au milieu de ce capharnaüm. Il paraissait ailleurs. Martinez avait déjà vu ce genre d'expression sur le visage de certains soldats, à l'époque où il commandait une section en Irak. Il fallait secouer les pauvres gars un bon coup si on voulait les sortir de leur apathie.

« Qu'est-que vous faites là, vous ? cria l'ex-militaire.

– Eh bien, je… je…

– Il n'y a personne au local météo ?

– Heu, non… Je ne sais pas où est passée mon assistante et…

– Retournez-y. Je veux être tenu informé de l'état de notre “copain” Damien minute par minute. »

Le météorologue acquiesça d'un mouvement du menton puis disparut dans la cage d'ascenseur.

Pam Johnson, les nerfs en pelote, fixait la colonne d'eau qui dansait sur le dôme nord comme un cyclone miniature. Celle-ci paraissait se dissiper une fois de plus, et les instruments confirmaient cette impression. La température baissait. La turbidité aussi. L'opératrice « boucliers » chercha quelque chose dans les poches de sa blouse. Un chewing-gum. Elle aurait donné n'importe quoi pour mâcher un chewing-gum au menthol. Ou fumer une cigarette. Ou boire un whisky. Ou peut-être bien les trois à la fois.

« J'ai réussi à joindre la surface, annonça Dave, un casque vissé sur les oreilles. Ils nous envoient une demi-douzaine de Mini-Subs. C'est tout ce qu'ils peuvent faire pour l'instant. »

Il essuya la sueur sur son front. Ses cheveux sentaient le roussi et sa peau évoquait la terre cuite. Il retint un hoquet de surprise. Ses sourcils s'émiettaient.

« Va à l'infirmerie, conseilla Pam.

– Non, je reste. Il faut quelqu'un à la radio. »

Elle n'insista pas. Il avait raison et elle le savait. Martinez posa son extincteur et s'approcha de la jeune femme, le visage empreint de gravité :

« Les dégâts ?

– Difficile à dire. Il y a des bugs dans tout le système. La pression est stable. L'incendie a bouffé pas mal d'oxygène, mais on doit pouvoir arranger ça.

– Des fuites ?

– Les portes étanches de l'anneau nord se sont refermées automatiquement. J'en déduis qu'il y a un pépin dans ce secteur. Ou alors c'est un bug de plus. Il faut envoyer quelqu'un sur place si on veut en avoir le cœur net. »

Le chef des vigiles secoua la tête avec exaspération :

« C'est bien la peine d'avoir un équipement qui coûte la peau des fesses s'il nous laisse en rade au premier couac !

– Hé, un ton en dessous, mon vieux ! Premièrement, je ne suis pas responsable, deuxièmement je ne suis pas une de vos subalternes…

– C'est vrai. Excusez-moi »

Il s'astreignit au calme puis reprit :

« Les Mini-Subs de la surface ne seront pas là avant une heure et demie. Je dispose de quatre submersibles dans le dock d'arrimage, plus deux chenillettes. On va faire avec en attendant. Ils en sont où, dans le dôme nord ?

– D'après Zapruder, ils ont commencé l'évacuation. Pas de panique pour l'instant. »

Les invités marchaient vers la sortie, la coursive nord, sans se presser, mais sans lambiner non plus. Un brouhaha tendu – des rires trop appuyés pour être sincères – montait de la file. Cependant, tout se déroulait dans le calme. Une quinzaine d'hommes en uniforme gris y veillaient.

Suivant les recommandations d'Hamilton, Tanaka avait évité la traditionnelle formule « Les femmes et les enfants d'abord ». Cela n'aurait servi qu'à inquiéter davantage leurs invités. De toute façon, il n'y avait pas d'enfants dans l'assistance. Juste quelques adolescents. Le P.-D.G. de Deep Blue Dream chercha son fils dans la masse agitée des smokings et des robes de soirée. Où était-il donc passé ? Peut-être avait-il déjà pris place dans une capsule ? L'angoisse forait son estomac. Debout à l'entrée du corridor, il serrait des mains sans y prêter attention, dispensait des propos rassurants d'une voix mécanique. Zapruder et Tanaka effectuaient un travail similaire, de leur côté, affichant des sourires de pure convenance.

Nathan se trouvait un peu à l'écart, 20 mètres derrière son père. Prenant une profonde inspiration, il s'approcha du groupe IG 88. Il devait en avoir le cœur net. Les quatre jeunes gens fixaient leurs pieds, l'air buté. Ils étaient menottés et encadrés par une demi-douzaine de vigiles. Le fils du Big Boss désigna Tina.

« Je veux parler à cette jeune fille.

– Si je puis me permettre, vous devriez plutôt penser à embarquer dans une capsule, monsieur, rétorqua le plus gradé des hommes.

– Je veux lui dire deux mots. Je n'en ai pas pour longtemps. »

Le garde soupira. Il avait reconnu Nathan et savait qu'il pouvait perdre sa place à ce petit jeu. Il s'écarta.

« Allez-y, mais faites vite.

– Merci. »

L'adolescent regarda sa bien-aimée droit dans les yeux :

« Que… Qu'est-ce que ça veut dire ? »

Tina ne répondit rien, un masque impénétrable sur le visage. Son maquillage kabuki, à présent délavé, barbouillait ses traits d'une soupe indistincte. Nathan réitéra sa question.

« Qu'est-ce qui s'est passé ?

– Il s'est passé que la p'tite t'a mené en bateau ! cracha Alex Kington. Qu'est-ce que tu croyais ? Qu'elle avait craqué pour tes beaux yeux ? »

Le fils Hamilton vacilla sous le choc.

« Tina, dis-moi que c'est faux ? Tu t'es servie de moi ? Merde, c'est pas possible ! »

Elle releva les yeux.

« Je suis désolée, Nathan. On avait un message à transmettre au monde entier, est-ce que tu comprends ? C'était l'occasion rêvée.

– Est-ce que je comprends ? »

Nathan était sidéré.

« On n'a pas le droit de polluer le fond des océans avec tout ce fric, poursuivit Mike. L'écosystème ne va pas encaisser les conneries des humains *ad vitam aeternam.*

– Ton père craint, mec, ajouta T.J. d'une voix traînante. C'est pas bien d'faire ça. J'veux dire, faire du blé, comme ça. Jusqu'où ça va aller, ces délires sur la mémoire et tout le tralala ? C'est quoi la prochaine étape ? Un parc d'attractions à Auschwitz ? Ben ouais, pourquoi pas ? »

Ce fut au tour de Nathan de garder le silence. Son regard exprimait un mélange de détresse, d'incompréhension et de colère. Il fit volte-face.

« Ouais, c'est ça, pouffa Alex. Va rejoindre ton papa chéri. »

Nathan serra les poings. Un sentiment de haine chauffait sa poitrine comme un tison ardent. Il aurait bien aimé corriger Kington. Seulement, le guitariste faisait deux têtes de plus que lui et son tee-shirt laissait entrevoir une musculature impressionnante. Même menottée, cette grande brute était capable de lui flanquer une raclée devant tout le monde. Le fils du milliardaire ravala sa colère et s'éloigna, les épaules voûtées. Il se sentait suffisamment humilié comme ça.

Après s'être égosillée durant un bon quart d'heure, Kathy avait commencé à dévisser la trappe du plafond. La cabine d'ascenseur s'était arrêtée à une quinzaine de mètres du sol, à flanc de coque. Tout autour d'elle, des échafaudages longeaient le mur de métal riveté.

La jeune femme grimpa à la force des bras sur le toit de l'ascenseur. Elle regarda vers le bas. Une foule s'agglutinait à l'entrée de la coursive qui partait de l'anneau d'entretien. Au-dessus, le bouclier moléculaire se zébrait d'éclairs bleutés (ce qui était normal) mais aussi de flashs jaunâtres (ce qui était nettement plus bizarre). Pour couronner le tout, le béton du tunnel circulaire semblait se fendiller. Des lézardes apparaissaient en de nombreux endroits, comme sous l'effet d'un tremblement de terre.

L'océanographe avisa la passerelle la plus proche. Un mètre cinquante. Un petit saut de rien du tout. Sauf qu'il y avait 15 mètres de vide en dessous. Elle bloqua sa respiration, prit un peu d'élan et sauta. L'échafaudage trembla sous l'impact mais tint bon.

« Encore un effort », s'encouragea-t-elle mentalement.

Ses pieds gigotaient dans les airs. D'une franche poussée, elle se hissa sur la claire-voie. C'est alors qu'elle aperçut le pantalon de smoking et les chaussures vernies, juste sous son nez. Elle leva la tête.

« Comme on se retrouve… » ironisa Spota.

« Regardez ! » cria une femme qui portait encore un boa de plumes roses autour du cou.

Un filet d'eau suintait d'une fissure dans le béton. Il y eut bientôt deux écoulements. Puis trois, quatre…

« Qu'est-ce que c'est encore que ça ? pesta Murray Hamilton.

– On dirait que le tunnel est gorgé d'eau, bredouilla Tanaka. Il paraît prêt à craquer. On ferait mieux de revenir dans le bateau. »

Le P.-D.G. effectua un rapide calcul mental. Une centaine d'invités étaient sortis du dôme. Il devait rester à peu près 60 personnes à évacuer, sans compter le personnel de sécurité.

Un bruit terrible mit un terme à ses réflexions. Trois geysers crevèrent la paroi incurvée, projetant des morceaux de béton avec une force inouïe. L'un d'eux frôla Hamilton.

« Tous dans le *Titanic* ! » hurla le Big Boss.

Cette fois, ce fut la panique. La vraie.

43

L'anneau d'entretien cédait de toutes parts en vomissant des milliers de mètres cubes d'eau !

Stirling Silliphant sentit son cœur se compresser. Ses pires craintes se réalisaient. Son cauchemar prenait vie. La boucle était bouclée. Il avait échappé à la mort, cent ans plus tôt, mais l'océan était un dieu patient. Il avait remâché sa vengeance durant un siècle et voilà qu'il réclamait sa tête à nouveau. Peut-être une offrande apaiserait-elle sa colère…

Oui, une simple offrande.

Le vieil homme s'avança vers la marée montante. L'image de sa mère se superposa aux torrents d'écume. Elle lui tendait les mains.

« J'arrive, dit-il en fermant les yeux.

– Grand-père ! vociféra son petit-fils. Qu'est-ce que tu fais ? Reviens ! »

Stirling ouvrit les bras, comme s'il cherchait à étreindre une vague plus forte que les autres. Il disparut dans les flots bleu-vert.

Daniel Silliphant s'élança en hurlant :

« Non ! »

Un vigile l'arrêta dans sa course.

« Venez. C'est trop tard ! »

« Zoome ! » ordonna Vonda McCaffery.

Le cameraman s'exécuta. Il passa en mode « auto ». Cela devenait trop difficile de cadrer et de faire la mise au point en même temps. Avec la longue focale, les mouvements étaient hachés, désordonnés, à l'image du chaos ambiant. L'eau jaillissait de tous les côtés en même temps. Les gens se bousculaient, se piétinaient, pour atteindre le *Titanic*. On aurait dit une colonie d'insectes fuyant la crue ! Les plus prompts se jetèrent dans la cage d'escalier aménagée à l'intérieur de la coque. Les autres se mirent en devoir d'escalader la forêt de poutrelles et d'échafaudages.

Quinze mètres plus haut, Katherine Wells luttait elle aussi pour sa vie. La première gifle de Spota avait failli la faire basculer dans le vide. La seconde l'avait projetée sur la claire-voie. Son agresseur s'était ensuite jeté sur elle pour l'étrangler. Il l'écrasait de tout son poids.

La jeune femme suffoquait. Des taches sombres grandissaient dans son champ de vision. Le pouce de Spota se trouvait à deux centimètres de ses lèvres. Elle le mordit, sentit les petits cartilages craquer. Le sang tiède emplit sa bouche.

L'assistant de Granchester hurla et relâcha aussitôt son étreinte.

Profitant de son avantage, elle se dégagea d'une brusque ruade et se mit à courir sur la passerelle. Le treillis métallique tressautait à chacun de ses pas. En dix enjambées, elle fut en bout de course. Soit elle montait, soit elle descendait. Spota s'était relevé et avançait droit sur elle, sans se presser. Bien sûr, les échelles se trouvaient de son côté !

Kathy jeta un œil en contrebas. Une vingtaine de personnes grimpaient les unes sur les autres en poussant des cris aigus. Les échafaudages n'étaient pas conçus pour supporter un pareil traitement. Ils vibraient, oscillaient et grinçaient sinistrement.

« Tout va lâcher », songea l'océanographe avec terreur.

Elle regarda autour d'elle. De gros câbles électriques longeaient la paroi. Ils paraissaient isolés, gainés de plastique, mais elle n'en aurait pas mis sa main au feu.

« À nous deux, ma jolie », cracha Spota.

Il n'était plus qu'à trois mètres d'elle. Il souriait.

Au même moment, dix mètres plus bas, un longeron plia sous le poids qu'on lui imposait. Une grappe de six personnes fut précipitée dans l'eau montante. Il y eut une plainte métallique et, comme la veille, tout un pan d'échafaudage s'écroula dans un tintamarre de poutrelles entrechoquées. La claire-voie disparut sous les pieds de Katherine. Elle s'accrocha au câble le plus proche pendant que son adversaire partait à la renverse. Il rebondit sur l'extrémité d'une passerelle avant de s'empaler sur un tube vertical. La barre le traversa de part en part. On aurait dit un gros insecte épinglé par un gamin sadique. Il essaya de se débattre durant quelques instants, puis il rendit l'âme dans un dernier soubresaut.

Kathy n'était pas tirée d'affaire pour autant. Ses mains glissaient sur la « liane » graisseuse. Une rangée d'échafaudages miraculeusement préservée se trouvait à quatre ou cinq mètres sur sa droite. Elle essaya d'imprimer un mouvement de pendule au câble, en donnant de violents coups de bassin. Au bout d'une dizaine d'allers et retours, elle parvint à agripper l'arête coupante. Elle grimaça de douleur mais se força à ne pas lâcher prise. Elle passa une jambe, puis l'autre, et s'affala sur le panneau de métal tressé. Sa tête heurta un montant de la rambarde de sécurité. Au-dessus d'elle, la coupole du bouclier se zébrait de traînées énergétiques semblables à un orage multicolore, vision à la fois belle et effrayante. Elle eut un vague sourire, à moitié assommée. Cela lui rappelait une toile de Van Gogh, *Nuit étoilée*. Sans s'en rendre compte, elle glissa dans l'inconscience…

44

Paul Lomat, Tim O'Hara et Wesson marchaient dans le no man's land sédimentaire, entre la coupole du *Titanic* et le « coquillage ». Ils avançaient légèrement inclinés, comme s'ils luttaient contre des bourrasques. Leur combinaison ressemblait à une tenue de cosmonaute, en plus rigide. Seules les jointures placées à chaque articulation bénéficiaient d'une enveloppe souple. Ils s'étaient mutuellement aidés pour enfiler cette armure des temps modernes, jouant chacun leur tour le rôle de l'écuyer dévoué. La tâche n'avait en effet rien d'aisé. Il fallait passer des instruments dans tout un tas de boucles, fixer les bouteilles, trouver l'ombilic du mélange gazeux, visser le casque dans les bons embouts, verrouiller le collier étanche, etc. Paul n'y serait sans doute jamais arrivé tout seul, lui qui avait déjà du mal à faire un nœud de cravate correct. Pendant que le sas se remplissait d'eau, O'Hara leur avait montré comment déclencher le champ de protection individuel. L'interrupteur était situé sur un bracelet passé au poignet. La pile énergétique du mini-bouclier se trouvait dans le dos, avec les bouteilles. Paul avait senti un léger grésillement au moment de l'activation. Rien de plus. Puis ils étaient sortis et avaient entamé leur longue marche.

Derrière eux, des détonations en chaîne perturbaient le silence de l'océan. Les capsules de la coursive nord s'éjectaient une à une. L'air chassant l'eau des ballasts, les petits engins filaient à toute vitesse, ne laissant qu'une traînée de bulles dans leur sillage. Kathy se trouvait-elle dans l'un de ces canots de sauvetage version Deep Blue Dream ? Paul l'espérait de tout son cœur…

La progression était lente et pénible. Ils avaient l'impression de s'enfoncer dans une sorte de mélasse compacte, ou bien de tirer sur un élastique qui ne manquerait pas de les catapulter en arrière au moindre relâchement de leur effort !

« Regardez, on a de la visite », annonça Wesson dans l'intercom de son casque.

L'assureur et le vigile levèrent les yeux. Quatre Mini-Subs sortaient du hangar principal, glissant doucement dans l'immensité bleue.

« Tim, vous savez sur quelle fréquence on peut les contacter ?

– Crrrritch... Aucune idée... Critchhhhh... »

En désespoir de cause, ils agitèrent leurs mains, comme des naufragés cherchant à attirer l'attention d'un avion. Le submersible le plus proche amorça un virage, puis une descente, dans leur direction. Il se posa dans un nuage de vase et coupa ses hélices.

Une voix grésilla dans l'écouteur individuel des trois scaphandres :

« Ici MS 1. Crrrritchhh... Vous pouvez monter à bord.

– De l'auto-stop à 3 800 mètres sous la mer », railla le tueur professionnel.

Dix minutes plus tard, ils pénétrèrent dans la salle de contrôle. L'ambiance générale pouvait se résumer en un seul mot : « angoisse ». Martinez accueillit les nouveaux venus avec une accolade virile.

« Vous arrivez de la coupole nord, c'est ça ? »

Ils opinèrent.

« Quelle est la situation, là-bas ?

– Pas brillante, répondit Paul. Il y a eu une coupure de courant, une explosion et l'anneau d'entretien s'est rempli d'eau.

– Vous en êtes certains ?

– Oh oui, lança Wesson. À l'heure qu'il est, le tunnel doit être plein à ras bord. »

Pam Johnson vint se mêler à la conversation.

« Cela confirme mes données. Le tunnel circulaire a craqué et l'océan a commencé à rentrer sous le dôme. »

Un silence de mort plana durant quelques instants sur toute la pièce. Paul se racla la gorge.

« Il y a encore du monde sous la coupole ?

– Une soixantaine de personnes, estima Martinez. Peut-être un peu moins. J'ai envoyé quelques hommes pour compter le nombre d'invités embarqués dans les capsules de sauvetage. Avec la panique, ils ont un peu perdu le fil. On a également fait évacuer le personnel de l'Olympic, avec nos engins du couloir ouest, ainsi que tous les gens qui n'étaient pas indispensables à la bonne marche de la station. Il se tourna vers l'opérateur radio. Vous avez Zapruder ou quelqu'un de l'organisation ? »

Dave secoua la tête :

« Non. J'ai été coupé. On dirait que le bouclier provoque des interférences dans les communications.

– Continuez. Il faut absolument rétablir le contact.

– Le bouclier donne des signes de faiblesse ? » questionna Paul, une coulée de plomb dans le gosier.

Pam revint à sa console et inspecta rapidement les cadrans clés.

« On dirait que ça tient le coup, dit-elle, les lèvres serrées. Les terminaux de maintenance ont tous explosé, mais les accélérateurs linéaires continuent leur boulot. »

Wesson et l'assureur jetèrent un regard en biais à Tim O'Hara. Ce dernier, tout pâle, réalisait qu'ils avaient vraiment bien fait d'abandonner son local.

« Apparemment, il n'y a pas de brèches dans le toit de l'anneau, juste dans les murs, précisa Pam.

– L'eau ne s'est pas engouffrée dans la coursive qui mène aux capsules et au grand ascenseur ? demanda le tueur.

– Non. Une porte étanche s'est rabattue automatiquement dès que l'anneau a craqué.

– J'ai un contact avec la patrouille des Mini-Subs, lança Dave.

– Mets-les sur haut-parleurs. »

Il y eut un effet larsen, quelques crachotements, puis la voix d'un pilote sortit des enceintes, claire et nette :

« Ici MS 2. On a repéré la brèche extérieure. Elle se trouve au niveau du terminal de maintenance n° 4, enfin... de ce qu'il en reste.

– La taille de cette brèche ? s'enquit fébrilement Martinez.

– Difficile à dire.

– Vous pouvez essayer de boucher le trou avec notre mousse spéciale ?

– Pas évident. Ça s'engouffre à toute pompe là-dedans. Je ne sais pas si on parviendra à s'approcher avec les Mini-Subs. Le courant est très, très fort. »

Le chef de la sécurité marqua une pause pour réfléchir. Son front trempé de sueur brillait sous la lumière froide des néons. Hamilton était injoignable ; de lourdes responsabilités pesaient sur ses épaules. Finalement, il déclara :

« Essayez d'aller voir de plus près, mais ne prenez pas de risques inutiles. Si ça secoue trop, dégagez.

– Reçu. »

Pam Johnson pianotait sur sa console en marmonnant :

« Bon, alors... débit... volume... pression extérieure...

– Qu'est-ce que vous fabriquez ? » s'impatienta Martinez.

Absorbée par ses calculs, elle ne répondit pas tout de suite. Les « ping » du sonar égrenaient les secondes, comme un compte à rebours dans un jeu télé. Enfin, elle releva le menton et déclara :

« J'essaie de calculer en combien de temps la coupole va se remplir, mais ce n'est pas possible. Il y a trop d'impondérables.

– De toute façon, ce n'est pas le plus important, interrompit Wesson. La fuite s'est produite en bas, donc l'eau, en rentrant, va pousser l'air vers le haut. Si l'air ne peut pas s'échapper, il va se comprimer progressivement. Cela va ralentir la montée des flots… mais accroître la pression. L'air arrêtera de se "tasser" lorsqu'il sera à la même pression que l'eau. Bien sûr, pas question de survivre dans la "poche" qui restera. Je leur donne une heure. Une heure et demie à tout casser. »

Paul, blanc comme un linge, balbutia :

« Ils… Ils vont mourir écrasés, c'est ça ? »

Wesson haussa les épaules, fataliste :

« Hum, bien avant d'en arriver là, leurs globules rouges ne vont plus réussir à accumuler l'oxygène correctement. Ils vont subir ce qu'on appelle le "syndrome nerveux des hautes pressions", puis leur sang va bouillir ou un truc dans le genre… J'ai fait pas mal de plongée quand j'étais plus jeune, et j'ai déjà assisté à ce type de mésaventure. Pas joli joli.

– Il doit bien y avoir un moyen de sauver ces gens ! » glapit Paul, bouleversé.

Il se tourna vers Martinez.

« Vous ne pouvez pas envoyer une équipe en scaphandres ? Vous les mettez dans le couloir nord puis vous inondez ce dernier pour en faire un sas géant !

– Non. On vous l'a déjà dit : la porte étanche qui contrôle l'accès à la coupole s'est rabattue toute seule quand la situation est devenue critique. Votre équipe serait bloquée dans le couloir.

– Attaquez cette foutue porte au chalumeau !

– Une double épaisseur de titane ? Au chalumeau ? Vous êtes un sacré comique… Même avec du TNT, on n'arriverait pas à faire sauter cet accès. (Il secoua la tête, puis ajouta, écœuré :) Pour une fois qu'on a un système de sécurité qui fonctionne… »

45

Hommes et femmes avaient trouvé refuge dans la salle à manger du pont D, sans doute la partie la plus confortable du paquebot restauré. Certains (surtout des hommes) se soûlaient autour d'une caisse de champagne. D'autres se morfondaient, assis sur des chaises ou bien à même le parquet. D'autres encore allaient de groupe en groupe, l'air hagard, avec une démarche de zombie. On fumait quelques cigarettes sauvées des eaux. On parlait peu. On réfléchissait beaucoup. Les lustres dispensaient une lumière de bougie vacillante. Les éclairs fantasmagoriques, filtrés par les vitraux, projetaient une symphonie de couleurs sur les murs, découpaient les silhouettes, étiraient les ombres à outrance.

« Nathan ! »

Murray Hamilton venait de retrouver son fils. Ce dernier s'était laissé glisser, dos aux lambris, dans un angle de la pièce. Il avait les jambes ramenées vers la poitrine et le menton posé sur les genoux. Son arcade sourcilière gauche disparaissait sous une croûte de sang séché.

« Nathan ! Tu es blessé !

– Ce n'est rien. J'ai juste pris une barre sur la tête. Ça va. »

Mais ça n'avait pas l'air d'aller du tout. Le P.-D.G. s'agenouilla à côté de l'adolescent.

« Je… Enfin… J'ai eu tellement peur. J'ai cru que je t'avais perdu. Je veux dire, perdu pour toujours… »

Le garçon ne broncha pas. Il fixait un point imaginaire, droit devant lui.

« On va venir nous chercher, fiston, reprit Hamilton. Les secours vont s'organiser. »

Nathan eut un rire plein d'amertume :

« Super. »

John Zapruder les rejoignit sur ces entrefaites, son pantalon de smoking tout trempé.

« J'ai compté. Nous sommes 54. Il y a eu quelques morts durant la pagaille. Oh, mon Dieu, quand je pense à Tanaka... C'est... C'est horrible. Il a été piétiné sous mes yeux. Je n'ai rien pu faire. »

Silence.

Le Big Boss secoua la tête, profondément abattu. Il demanda :

« Et DiCaprio ?

– Hors de danger. De même que Stephen King, le maire de New York et les banquiers. Ils avaient déjà franchi la porte nord avant qu'elle ne se ferme.

– Granchester ?

– Je l'ai vu près du bar, avec une bouteille de champagne. »

Le P.-D.G. de Deep Blue Dream se releva d'un coup, électrisé par cette nouvelle.

« Attendez-moi ici. »

Terence Granchester sentait l'ivresse le gagner. La peur ne disparaissait pas complètement mais, au moins, ses griffes s'émoussaient. L'alcool rendait l'absurdité de leur situation plus supportable. Il but une nouvelle gorgée au goulot. La mousse dégoulinait sur son menton et son nœud papillon. Il avait l'impression que la salle tanguait, comme si le paquebot s'était remis à flots tout seul. Les couleurs vives qui dansaient sur les murs accroissaient ce sentiment d'irréalité.

Hamilton fonça sur l'aristocrate, l'attrapa par le col et plaqua son visage tout contre le sien.

« Je croyais que les boucliers étaient *parfaitement* sûrs, Terence ! Alors, comment expliquez-vous ce qui nous arrive ?

– Je... Je suis comme vous, je ne comprends pas. »

Le P.-D.G. l'envoya valser contre un panneau de bois. Il lâcha sa bouteille, qui se brisa en mille morceaux.

« Vous êtes cinglé ! » protesta-t-il.

Hamilton empoigna le dandy encore plus violemment.

« Si vous savez quelque chose que j'ignore, c'est le moment de vous mettre à table, salopard !

– Monsieur Hamilton, fit une voix féminine dans son dos. Vonda McCaffery, pour Câble-News. Que se passe-t-il, au juste ? Pouvez-vous...

– Du balai ! cria le Big Boss. Cette conversation est privée, vous m'entendez ? *Privée* ! »

La journaliste eut un mouvement de recul. Elle fit signe à son cadreur de couper la caméra. La lumière rouge s'éteignit.

« Pouvez-vous nous faire quelques confidences "off" ?

– Tout à l'heure. Pour l'instant je dois discuter avec ce monsieur. »

Deux hommes en combinaison grise accoururent.

« Emmenez Mme McCaffery ailleurs, ordonna Hamilton.

– Vous n'avez pas le droit, s'insurgea Vonda. La liberté de la...

– Exécution ! »

Les vigiles obéirent, ignorant les vociférations de l'envoyée spéciale. Le P.-D.G. reporta son attention sur Granchester. Ce dernier paraissait légèrement dégrisé. Il aurait bien aimé disparaître, se cacher dans un coin, mais les lambris sculptés lui coupaient toute retraite.

« Je... Je ne pouvais pas deviner, pleurnicha-t-il. C'était statistiquement impossible...

– Expliquez-vous, bordel ! C'est peut-être notre seule chance de trouver une solution. »

L'entrepreneur baissa la tête. Sa pomme d'Adam se gonflait et se rétractait comme le ventre d'un crapaud. Il avait du mal à déglutir et ses lèvres tremblaient.

« J'ai pris de toutes petites libertés avec les aimants de focalisation...

– De "toutes petites libertés" ?

– J'ai fait des économies sur le devis, pour le bien de la société. Deux millions de dollars. Mais… Mais tous les spécialistes m'avaient assuré que… que…

– Que quoi ? »

Hamilton ressemblait à une Cocotte-Minute proche de l'implosion. Son associé rapetissait à vue d'œil. Il avalait sa salive à grand-peine :

« Dans cette partie de l'Atlantique Nord, on ne trouve pas d'eau à plus de 2,75 °C. Surtout à cette profondeur ! Tous nos consultants étaient formels. Je leur ai fait confiance. Je ne comprends pas ce qui s'est passé…

– Et cette fille ? Cette Katherine Wells ? »

Granchester se mordit la lèvre.

« Elle était la seule à nous mettre en garde. Je… J'ai enterré son rapport. Je ne pouvais pas prévoir qu'elle avait raison et que tous les autres se fourraient le doigt dans l'œil… »

Il se cacha le visage dans les mains et fondit en larmes. Le P.-D.G. de Deep Blue Dream le fixait sans indulgence.

« Terence, je vous tiens pour personnellement responsable de ce qui s'est produit ce soir. Si jamais nous sortons vivants de ce trou à rats, regardez le ciel au-dessus de votre tête. Regardez-le bien. Je vous garantis que vous ne le reverrez plus jamais. Je mettrai les meilleurs juristes sur le coup. Cela me coûtera peut-être cher, mais je vous jure que vous passerez le restant de vos jours derrière des barreaux. »

Il marqua une pause puis ajouta :

« Je ne sais pas ce qui me retient de vous écrabouiller sur le champ. Vous n'êtes qu'un cloporte. »

Granchester lui jeta un regard de chien battu. Il reniflait et pleurait tout à la fois. Sa bouche s'ouvrit mais, après un instant de flottement, il préféra se murer dans le silence.

Ses deux millions de dollars escamotés, il avait peu de chances d'en profiter un jour.

46

Deux kilomètres plus haut, les secours arrivaient : six Mini-Subs, petites lucioles perdues dans la nuit glacée de l'océan, descendaient à un rythme lent mais régulier.

« MS 5 à QG, me recevez-vous ?

– Crrrrr... On vous reçoit, MS 5. Parlez.

– Nous sommes à mi-parcours. Dans quarante minutes, on est chez vous. Comment ça se présente en bas ?

– Pas très bien. Début d'inondation dans le dôme nord. Et il y a encore 50 ou 60 personnes dans ce guêpier. »

Le pilote émit un sifflement sinistre :

« Pffff... Reçu. On verra ce qu'on peut faire sur place...

– ... Crrrrr... pas être de la tarte... Crrrr...

– Je vous crois sur parole. Contactez-nous s'il y a du neuf. Terminé. »

Le pilote du MS 5, un français nommé Martin, ancien de l'Ifremer, changea de fréquence et passa sur le réseau UCQ (Underwater Q-band Communications).

« Vous avez entendu ce qu'a dit le monsieur, les enfants ? Ça ne va pas être de la tarte.

– Ouais. Crrrr...

– Ouais.

– Crrrr... Reçu...

– Positif.

– Cinq sur cinq ! »

Martin sourit. Il avait une confiance aveugle en ses gars. Une fois dans le feu de l'action, chacun d'eux donnerait le maximum, il en était persuadé.

« Bon, très bien. On reste en formation serrée.

– Eh, patron, fit une voix inquiète dans son écouteur. J'ai une dizaine de signaux sur mon scope. On dirait que ça remonte à toute berzingue.

– Une dizaine ? »

Le pilote du MS 5 consulta son sonar et jura en français :

« Merde ! Tu as raison... Dix unités à vingt brasses sous nos fesses.

– Crrrr... Qu'est-ce que c'est que ce truc, chef ? »

L'estomac de Martin se tordit. Les capsules ! Une fois les ballasts purgés, ces engins-là devaient bien remonter à une vitesse de sept ou huit nœuds. Dix torpilles de dix-huit tonnes chacune, lancées à la verticale !

« Rompez la formation ! Rompez la formation ! »

Les submersibles s'égaillèrent, au ralenti, comme un banc de petits poissons à l'approche d'un prédateur.

Le Français vira à gauche. Ping, ping, ping. Le bruit du sonar lui tapait sur les nerfs. Les échos lumineux s'approchaient. Dix boules brillantes. Ping, ping, ping. Un vrai jeu vidéo. Ou plutôt un jeu de quilles... et dans le rôle des quilles : ses hommes et lui !

La première capsule le frôla, pareille à un gros haricot gris et boursouflé. La deuxième passa juste devant lui, entourée d'un rideau de bulles. La troisième heurta sa coque de plein fouet. Ka, bang ! Froissement du métal contre le métal. Le crâne de Martin cogna violemment le plafond. Un liquide tiède coula sur son front. Tous les voyants passèrent au rouge, système de survie inclus. Il tira sur le manche à balai, jura de nouveau dans sa langue maternelle. Essaya la radio : *kaput*. Les turbines : même punition ! Le pilote devait se rendre à l'évidence : il avait perdu le contrôle du sous-marin et tombait en chute libre !

Il jeta un regard à sa jauge d'oxygène en murmurant :

« Fais-moi plaisir, bébé. »

Mais le seuil critique était déjà dépassé. Sa vue se brouilla. Il réessaya la radio. Sans succès. Un éclair de douleur déchira son cerveau et il sombra dans une nuit éternelle.

Dans la salle de contrôle, la tension était à son comble.

« La patrouille de la surface a eu un accident, annonça Dave, plus sinistre que jamais.

– Quoi ?

– MS 5 a heurté une capsule. Il coule à pic. Les autres vont bien. »

Martinez avait épuisé son stock de gros mots. Il ne put qu'émettre un intense soupir.

« Y a rien à faire pour l'aider ? s'enquit Paul, fatigué de poser continuellement la même question.

– Non, répondit le chef de la sécurité. Si l'on en croit le bio signal, il est mort. Asphyxie. On peut juste prier le ciel pour qu'il atterrisse dans la vase, et pas sur une de nos installations… Mais avec notre bol habituel, je crains le pire. »

Paul opina avec tristesse. Il se tenait légèrement à l'écart. Il ne voulait gêner personne et se sentait inutile. L'angoisse sécrétait un acide corrosif dans son ventre. Dire que Kathy était peut-être encore prisonnière de cette bulle géante, là-bas, ce piège mortel qui se refermait inexorablement. Cette pensée le rendait fou mais l'obligeait aussi à sonder la véritable profondeur de ses sentiments. Cette fois, il en était sûr, il aimait la jeune femme. Il aurait donné sa vie pour elle, sans hésiter. Mais pour l'instant, il se trouvait coincé, réduit comme les autres à l'état de spectateur impuissant, et cela malgré toute la technologie qui les environnait.

De temps en temps, il jetait un coup d'œil au tueur. Ce dernier, les bras croisés, paraissait étonnamment calme. Paul avait failli le dénoncer dix fois… et dix fois, il s'était retenu. Dieu seul savait pourquoi. Ce type l'intriguait. D'où sortait-il ?

Qui était-il ? Comment expliquer son revirement durant l'inondation de l'anneau ?

Les haut-parleurs grésillèrent, une fois de plus.

« Crrrrrrr... Ici MS 2. Je longe le dôme. Crrrrrrrrr... Je suis à 12 mètres de la brèche... 10... 8... Ça vibre de plus en plus...

– Ralentissez, conseilla Martinez. Pas de précipitation.

– Le palpeur de courant flippe... Grosse turbidité... Je dirais... Crrrrrrritch... »

Les techniciens restaient cois, figés à leur poste de travail tels des mannequins de cire. Si l'on se fiait aux auréoles de transpiration qui grandissaient dans leur dos et sous leurs aisselles, on pouvait même imaginer qu'ils étaient en train de fondre, de se liquéfier lentement, chauffés par une flamme invisible.

« Impossible de tenter une sortie en scaphandre, annonça MS 2. Trop de courant. Criiiitchhhh... Je mets en place le tuyau de colmatage avec les bras articulés... »

Paul imagina les membres métalliques qui se dépliaient sous le ventre du sous-marin, telles des pattes arachnéennes. Il se demanda si ces appendices artificiels se manipulaient comme ceux des ROV. Si c'était bien le cas, le travail du pilote s'annonçait ardu.

« Crrrrr... J'envoie la mousse. »

Paul se tourna vers Martinez et demanda :

« C'est quoi, cette mousse, exactement ?

– Un composite spécialement créé pour nous. »

Trente secondes passèrent. Trente « ping ». Les lumières des ordinateurs clignotaient. Les unités centrales ronronnaient. Les sonars balayaient leur zone de couverture avec une régularité de métronome. Chacun regardait son voisin, puis les instruments, puis son voisin de nouveau. Personne n'osait rompre cette apparente accalmie.

« Tuyau trop court, annonça MS 2. Je vais devoir me rapprocher un peu...

– Pas d'imprudence », dit Martinez.

Il s'agissait autant d'un ordre que d'une supplique.

« Crrrrrrrr… Secoue… Je mets les voiles… Crrriitchhhh…

– Dégagez, MS 2. Dégagez !

– Crriitchhhh… Nooon ! »

Il y eut un « bang » étouffé. Dave retira précipitamment son casque d'écoute. Martinez pâlit. Pam Johnson se prit la tête entre les mains. Un technicien donna un violent coup de poing sur son pupitre. Tous avaient compris ce qui s'était passé bien avant qu'une nouvelle voix ne jaillisse des enceintes.

« Crrritchhh… Ici MS 3. On a tout vu, bon Dieu… On était aux premières loges… Merde, c'est pas vrai ! C'est pas possible !

– Calmez-vous, soupira Martinez. Dites-nous ce que vous avez vu. »

Des crachotements, un bruit de friture, puis :

« Le courant… Le courant a littéralement plaqué MS 2 contre les restes du terminal de maintenance ! Le nez de l'appareil a morflé. Y a eu… des… des étincelles à l'intérieur du cockpit et la sphère du sous-marin a explosé ! »

Durant une fraction de seconde, Paul s'entendit demander « Le pilote a-t-il survécu ? » mais, à voir le visage des autres, il comprit que cette question serait superflue.

« Crrrr… La carcasse de MS 2 s'est envasée, juste sous le terminal.

– Gardez vos distances, MS 3 et MS 4.

– Reçu. »

Paul se tourna machinalement vers le tueur à gages. Il s'était volatilisé.

47

Wesson progressait à pas de loup de couloirs en cages d'escalier. Arrivé en bas des marches, il avisa un écriteau surmontant une porte et qui indiquait « Niveau - 1 ». Parfait. Il pénétra dans un nouveau couloir encombré de containers. Deux vigiles fonçaient sur lui. Il se raidit. L'assureur l'avait peut-être trahi… Ses poings se fermèrent, parés à l'attaque. Il avait perdu son arme dans le raz-de-marée mais, en cas de pépin, ses pieds et ses mains devraient suffire. Il inspira un bon coup, les muscles crispés. Les deux hommes le frôlèrent… et le dépassèrent sans lui prêter attention ! Il se détendit. Apparemment, Paul Lomat était resté bouche cousue. Mais combien de temps cela allait-il durer ?

Le tueur déboucha dans une sorte de grand vestiaire. La fumée des douches embuait un angle de la pièce. Des scaphandriers, debout face à des casiers individuels, enfilaient leur équipement en toute hâte. D'autres se déshabillaient, visiblement lessivés. Des magasiniers en uniforme bleu nuit couraient un peu partout. Un moustachu en bras de chemise, casque et micro sur la tête, distribuait les ordres.

« Il me faut deux gars au couloir nord. On dirait que le système d'éjection de certaines capsules est bloqué. Deux autres gars en combinaison, et vite ! La chenillette n° 2 est ensablée à 120 mètres du QG ! Allez, les mecs, magnez-vous ! »

Un coup d'œil périphérique permit à Wesson de repérer la porte qui l'intéressait. Le dock d'arrimage ! Il arrêta un jeune homme avec une casquette, qui passait juste à côté de lui.

« Le Mini-Sub 1 est toujours là ? questionna-t-il. Je dois dire un mot au pilote. C'est urgent. »

Le garçon à la casquette opina du chef :

« Il est toujours là. Jack recharge ses batteries. Il repart dans deux minutes.

– Merci. »

Wesson s'éloigna. Arrivé devant la porte, il glissa son passe (la carte fournie par Spota, trois jours plus tôt, dans un petit hôtel new-yorkais). Le panneau à double épaisseur s'ouvrit en chuintant. Il déboucha dans une sorte d'entrepôt pratiquement désert. Il y avait un chariot élévateur parqué sur une plate-forme, à côté d'une pile de caisses. Deux techniciens habillés comme lui déroulaient un long câble. Ils lui tournaient le dos.

« Hé, les gars ! »

Ils pivotèrent en même temps alors que le tueur à gages se ruait déjà sur eux. Sa jambe partit, fauchant un premier technicien au genou. Le second voulu crier, mais une manchette expédiée dans la mâchoire l'en empêcha. Il vola en arrière, au milieu des caisses, sonné. L'autre essaya de se relever, mais un violent coup sur le crâne lui fit mordre le béton. Il tomba dans les pommes à son tour.

La bagarre n'avait pas excédé quatre secondes.

Une série de trappes circulaires étaient incrustées à même le sol. Des tuyaux flexibles partaient du mur pour rejoindre des boîtiers placés à côté de chaque écoutille. L'une d'elle se souleva pour laisser apparaître le visage fatigué du pilote nommé Jack.

« Qu'est-ce que vous fichez, les m… ? »

Ses yeux s'agrandirent sous l'effet de la surprise : Wesson se tenait devant lui, haletant, deux corps inconscients à ses pieds. Le mercenaire bondit et rabattit la trappe d'un seul coup. Il y eut un choc à la fois mat et métallique. Jack dégringola de l'échelle de liaison, assommé.

Wesson se glissa sans plus attendre dans le puits circulaire et prit le pilote sur ses épaules. Heureusement, ce dernier n'était pas trop lourd. Il le remonta, le déposa sur le sol de l'entrepôt, à côté de ses deux camarades, puis il redescendit en refermant l'écoutille derrière lui.

On allait pouvoir passer aux choses sérieuses.

Il entra dans le cockpit du Mini-Sub, se coula dans le capitonnage du siège. Son cœur battait vite à présent, et des gouttes de transpiration commençaient à dégouliner sur son front. Il inspecta les commandes. Elles clignotaient comme un tableau de bord de 747.

Manche à balai directionnel. Systèmes de survie. Oxygène. Pression. Ballasts. Sonar. Radio. Cette dernière crachota :

« Crrrrrr… Mini-Sub 1, qu'est-ce qui se passe, bon sang ? »

Il coupa le contact. Pas le temps de jouer.

Il empoigna le manche à balai, chercha le commutateur principal qui se trouvait sur le pupitre central. L'enclencha. Ça n'avait pas l'air très compliqué. Il avait déjà piloté des bathyscaphes, par le passé. Il rit tout seul. En fait, il avait piloté à peu près tout ce qui roule, vole ou flotte durant sa carrière !

Le générateur vrombit. Apparemment, les batteries étaient rechargées.

« Turbines… turbines… » murmura-t-il, anxieux mais pas paniqué.

Il trouva le bon bouton. Les hélices tournaient de plus en plus vite.

« Déverrouillage… OK. »

Le submersible se détacha de son berceau d'amarrage.

La voie était libre. Il pouvait partir, fuir, laisser tous ces braves gens se débrouiller entre eux. Salut la compagnie !

Le Mini-Sub glissa sous le « coquillage », évitant de justesse l'un de ses piliers de soutènement.

Wesson sourit. L'appareil paraissait assez maniable, pour un « gros cul » de plusieurs tonnes. Maintenant, c'était le moment de vider les ballasts s'il voulait remonter. Sa main s'avança vers le bouton en question. Il jeta un dernier regard vers le dôme nord. Le bouclier passait par toutes les couleurs de l'arc-en-ciel, se couvrant de reflets irisés. Il déglutit. Dire que, là-dessous, des pauvres blaireaux attendaient une mort certaine. Un nœud désagréable se forma dans sa gorge.

« Ma parole, mon vieux, tu te ramollis vraiment avec l'âge ! »

Après tout, cette histoire de bouclier ne le concernait pas ! Sa main s'avança de nouveau vers le tableau du purgeur. Impossible d'appuyer sur ce maudit bouton. Une force invisible l'en empêchait. Il jura entre ses dents. Il avait fait des trucs moches dans sa vie. Des trucs terribles. Il n'était plus à ça près. Pourtant, deux petites voix s'affrontaient en lui :

« Tuer une personne pour de l'argent c'est une chose, mais en laisser crever des dizaines alors que tu as une chance de les aider, ce n'est pas du tout pareil.

– Mieux vaut eux que moi.

– Et si tu accomplissais une bonne action dans ta vie ? Rien qu'une…

– Elle n'effacera pas mon ardoise pour autant. Et j'ai passé l'âge de jouer aux boy-scouts. Tout ce que je veux, c'est mon chalet, peinard, dans la forêt…

– Tu sais bien au fond de toi que c'est une chimère, un rêve que tu n'atteindras jamais. Tu as échoué. Granchester ne te versera pas le fric. Tu vas devoir continuer à courir après les contrats pendant des années, et tu sais que tu finiras par te faire avoir au bout du compte. Par un policier ? Un concurrent ? Peu importe. On ne vit pas vieux dans ta profession. Cela tient déjà du miracle que tu ne te sois pas fait descendre avant… Il y a des femmes sous ce dôme, bordel ! Peut-être même des gamins… »

Wesson grimaça. Il transpirait comme dans une étuve.

« Et puis merde », lâcha-t-il en amorçant un rapide virage.

48

« On s'en sortira jamais », gémit Tina.

Le froid et la peur la faisaient grelotter. En une demi-heure, la température avait sérieusement baissé.

Les quatre « Assassins Droïds » étaient assis par terre, contre le podium où, à peine une heure plus tôt, ils avaient chanté. Des menottes entravaient toujours leurs poignets. Deux vigiles, raides comme des gardes de Buckingham Palace, les surveillaient. Tout autour d'eux, les autres rescapés semblaient perdus dans leurs pensées.

« On s'en sortira, tu verras, gloussa T.J. avec un rire sans joie. Faut juste respecter les trois règles.

– Les trois règles ?

– Ouais, les trois règles pour rester en vie dans un film catastrophe », renchérit Mike, qui avait compris où son collègue voulait en venir.

Tina, elle, pataugeait complètement.

« De quoi parlez-vous ?

– Règle n° 1, énonça T.J., soudain très sérieux, ne jamais dire : "Je viens de joindre les secours. Ils arrivent." Généralement, la séquence d'après, les secours en question se scratchent et n'arrivent jamais.

– Règle n° 2, poursuivit Mike, "Ne pas être vieux, ne pas être maire, promoteur immobilier ou ce genre de trucs." De ce côté-là on a bon.

T.J. leva son index, solennel.

– Règle n° 3, peut-être la plus importante : "Rester près du chien."

– Le chien ?

– Ouais. Y a toujours un clébard dans les films catastrophe. Et, tu remarqueras, ces fichus bestiaux s'en sortent chaque fois. Donc la règle d'or, c'est "rester près du chien". Un chat peut éventuellement faire l'affaire.

– Ou un mioche, s'il y a rien d'autre, mais un chien c'est plus sûr. »

Tina secoua la tête :

« Je ne vois ni chat, ni chien, ni gamin dans les parages.

– C'est bien ce qui m'inquiète », conclut Mike.

Personne n'ajouta de commentaire. D'interminables secondes passèrent. Quelqu'un sanglotait et reniflait bruyamment, à l'autre bout de la pièce. Quelqu'un d'autre vomissait derrière le bar. La plupart des gens méditaient. Dans de pareils moments, il était tentant de dresser une sorte de bilan. Hamilton et Zapruder allaient de groupe en groupe. Ils essayaient de se montrer rassurants, optimistes, mais leurs belles paroles et leurs sourires sonnaient atrocement faux.

Alex Kington, jusqu'ici silencieux, interpella un des vigiles.

« Hé, vous, là ! Vous pouvez pas nous enlever ça ? »

Il fit tintinnabuler les chaînes de ses bracelets métalliques.

« Pas question, riposta le garde avec dureté. M. Hamilton ne nous a transmis aucune consigne.

– Vous voulez pas nous laisser une chance, hein ? s'emporta le guitariste. Vous voulez vraiment qu'on y reste ? »

Le jeune homme s'était redressé, l'écume aux lèvres. Les deux vigiles dégainèrent leur matraque.

« Vous pouvez les détacher. »

Tous les regards se tournèrent vers Nathan Hamilton. L'adolescent venait de parler d'une voix calme mais ferme. L'un des hommes en gris protesta :

« Mais, vous êtes sûr que…

– Ça n'a plus beaucoup d'importance, maintenant, dit Nathan avec un haussement d'épaules. Où voulez-vous qu'ils aillent ? Allez, détachez-les. »

Le garde qui avait les clés accrochées à sa ceinture fit la moue. Bon, le môme était dans le vrai, après tout. Cette comédie sinistre ne rimait plus à grand-chose. Et puis, c'était le fils du patron…

« Très bien. »

Les menottes tombèrent sur le parquet en cliquetant. Nathan observait la scène sans rien dire. Ses maxillaires se crispaient et se détendaient régulièrement. Alex Kington massait ses poignets endoloris. Il lança un regard de défi au fils du milliardaire :

« Qu'est-ce que t'attends, chouchou ? Qu'on te roule une pelle pour te remercier ?

– Arrête un peu, Alex, dit Tina avec une pointe d'énervement. Fiche-lui la paix.

– Oh, le pauv'p'tit fils à papa, lança le guitariste sur un ton geignard. Il a un gros chagrin ? »

Il éclata de rire puis changea radicalement de ton :

« T'inquiète pas, mon biquet, t'en verras d'autres, va… si tu crèves pas ce soir avec nous autres, les manants, les obscurs, les sans-grade ! »

Les poings de Nathan se serrèrent, mais il n'osait pas aller plus loin.

« Ben vas-y, frappe si t'en as envie ? le narguait Kington. Maintenant que j'ai les mains libres, on peut s'expliquer d'homme à homme.

– Ça suffit », rugit un vigile en caressant le manche de sa matraque.

La menace était explicite. Le leader des « Assassins Droïds » se rassit avec un ricanement de mépris.

Le fils Hamilton tourna les talons. Il avait déjà fait quelques pas lorsqu'une main se posa sur son épaule. L'adrénaline gicla dans ses veines. Il pivota d'un seul bloc, prêt à en découdre.

C'était Tina.

« Nathan, je… je regrette ce que j'ai fait, risqua-t-elle, à première vue sincère. Je ne pensais pas que ça allait devenir aussi… affectif, entre nous. Tu comprends ?

– Tu es avec ce type ?

– Alex ? Oui… Mais, je… enfin, je le trouve vraiment nul ce soir. Ne l'écoute pas. Il déconne complètement… »

Le regard de l'adolescent se durcit.

« Tu ferais mieux de retourner auprès de lui, dit-il, du givre dans la voix. Il a l'air de perdre les pédales… »

La lumière s'éteignit. Les secondes puis les minutes passèrent. Elle ne revenait pas. Le bouclier agonisant continuait d'éclabousser les murs de ses teintes bigarrées, baignant la scène dans une ambiance psychédélique digne d'un trip sous acide.

49

« Chute de tension dans le secteur nord ! cria un technicien.

– Le générateur de secours ? interrogea Martinez.

– Il a des ratés.

– Bon, assignez tout ce que vous pouvez au bouclier. C'est le plus important. (Il fit glisser son siège à roulettes vers Dave.) Toujours aucune nouvelle de Zapruder ou Hamilton ? »

L'opérateur radio secoua la tête.

« Négatif. Le bouclier fait toujours des siennes.

– Y aura donc personne pour me donner une bonne nouvelle ? gémit le chef des vigiles.

– Si, moi. »

Max Noddles venait d'entrer, une liasse de papiers sous le coude.

« Damien tire ses dernières cartouches. Il est en train de se décaler vers la mer du Labrador. »

Soulagement général. Paul agrippa le météorologue par une manche de sa chemise hawaïenne.

« Kathy ? Vous avez vu Kathy ? Vous savez où elle est ?

– Heu, non, bredouilla le barbu. Je... Je la cherchais justement pour... pour m'excuser. Elle avait raison et...

– Les *mea culpa* seront pour plus tard », le coupa sèchement l'assureur.

Nouveau bruit de friture :

« Crrrritchhhh... Ici MS 1. Crrrrrr... MS 1 à salle de contrôle. »

Paul eut un hoquet de surprise. C'était la voix de « son » tueur ! Le salaud avait piqué un sous-marin ! Martinez, les poings sur les hanches, fronça les sourcils.

« Jack ? C'est toi ? Je ne reconnais pas ta voix...

– Jack est indisposé pour le moment. Crrrrrr... Je le remplace...

– Qui êtes-vous ?

– Vous pouvez m'appeler Zorro si ça vous amuse. Crr-ritchhhhh... Je vais essayer d'aller boucher ce foutu trou. Terminé. »

Le chef de la sécurité se dressa d'un bond.

« Quoi ? »

Il avait crié plus fort qu'il ne l'aurait souhaité. Il reprit, un ton en dessous :

« Attendez... Vous avez vu ce qui est arrivé à MS 2 ? C'est du suicide, mon vieux !

– Crrrr... Je vais aller vérifier par moi-même, claironna Wesson. Ne vous inquiétez pas, si c'est trop dangereux, je tire ma révérence. Jouer les héros, c'est pas mon truc. Terminé. »

Martinez paraissait complètement sidéré :

« D'où sort ce type ? lançait-il à la cantonade, incrédule. Est-ce que quelqu'un peut me dire d'où sort ce type ? »

Paul garda le silence. Il ne savait plus quoi penser.

Katherine Wells rêvait.

Un rêve étrange, sans queue ni tête, où il était question d'eau. Elle se voyait, dans une piscine carrelée. L'eau était froide. Des poissons morts flottaient autour d'elle. Des méduses également. Au-dessus de sa tête : un feu d'artifice.

Elle ouvrit un œil, péniblement. Le treillis de métal avait imprimé une marque géométrique sur sa joue. L'eau clapotait à deux centimètres de son visage. Et elle montait. Le tiers inférieur de la coupole était entièrement inondé. Des caisses, des débris et quelques cadavres dérivaient mollement à la surface des flots. La jeune femme se frotta les yeux, essaya de rassembler ses souvenirs. Des décharges d'énergie intermittentes traversaient toujours le grand dôme. Les éclairs d'électricité statique lui faisaient dresser les cheveux sur la tête. L'espace d'une seconde, elle se demanda si ce spectacle n'était pas un prolongement de son rêve. Les derniers événements lui revinrent en mémoire : le raz-de-marée, la poursuite, Spota...

Elle prit appui sur la coque pour se relever. Ses jambes cotonneuses faillirent la trahir. Elle éprouvait des difficultés à respirer, comme si un poids pesait sur sa cage thoracique.

La pression ! Mais oui, bien sûr, la pression augmentait à mesure que la poche d'air se comprimait.

Il n'y avait pas de temps à perdre. Rassemblant ses dernières réserves d'énergie, elle entreprit d'escalader les restes de l'échafaudage.

50

Vonda McCaffery consulta sa montre. 22 h 00.

Elle savait qu'elle n'était plus à l'antenne depuis belle lurette (les variations de tension du dôme brouillaient toute communication avec l'extérieur) mais elle s'entêtait à engranger des images. Ces dernières viendraient alimenter de futures éditions spéciales, elle en était sûre. Néanmoins, le poids de la fatigue et du stress commençait à se faire sentir. Elle avait interviewé une bonne partie des rescapés (ceux qui n'étaient ni trop saouls, ni trop effondrés pour parler), puis Hamilton avait fait un discours que l'on pouvait résumer, en gros, par : « Ne vous inquiétez pas. Tout va bien. On s'occupe de nous »… Le joli conte ! Une dizaine de personnes, menées par Daniel Silliphant, s'étaient insurgées. « On va pas rester les bras croisés à attendre un miracle ! » clamait le petit-fils du centenaire. Les partisans du « passage à l'acte » avaient décidé de tenter une sortie. Ils étaient partis, peu de temps après, non sans avoir bu quelques verres supplémentaires, histoire de se donner du courage.

On ne les avait pas revus.

La frénésie du début de soirée était retombée. Maintenant, on vivait une phase d'attente assez peu « télégénique ». Il ne se passait plus rien. Les gens priaient, pleurnichaient, se serraient les uns contre les autres, silencieux. Et pour couronner le tout, DiCaprio était absent. Quelle poisse !

Vonda soupira intérieurement. Un soupir plein d'amertume. Elle repensa à une femme médecin qu'elle avait interviewée, des années plus tôt : Elizabeth Kübler-Ross. Le docteur Kübler-Ross s'était taillé une certaine renommée en travaillant dans l'accompagnement des mourants du style malades au stade terminal. Elle avait classé en cinq étapes les réactions de l'homme confronté à la mort : le refus, la révolte, le marchandage, la déprime, puis une sorte de sérénité finale, une résignation pleinement assumée. Ce dernier cap était le plus difficile à franchir. Vonda regarda autour d'elle. Les rescapés avaient déjà passé les trois premières phases.

Elle secoua son cadreur :

« Ray, faut qu'on trouve un truc.

– Hein ?

– Un truc à filmer. Ici, c'est zéro pour l'instant.

– On pourrait pas… juste attendre les secours ?

– Tant que tu as des batteries, on bosse ! »

Certains rescapés avaient sorti leur smartphone. Ils jouaient les reporters amateurs, conscients que, si jamais ils survivaient, leurs images allaient circuler en boucle sur le Web durant des semaines. D'autres enregistraient leurs dernières volontés ou disaient adieu à leurs proches.

« Il nous faut une exclusivité, un truc juteux », reprit Vonda.

Le cameraman réfléchit.

« Hum… Tout à l'heure, quand on a traversé la cage d'escalier, j'ai vu des blessés, dans une sorte de salle, au rez-de-chaussée.

– Des blessés ?

– Ouais, au moment de la panique. Y avait des types allongés par terre.

– Et tu n'as rien dit ?

– Bah, ils sont sûrement morts depuis longtemps. »

Peut-être, mais ce n'était pas certain… Pas mal, ça. Pas mal du tout. Une bonne vieille séquence de sauvetage. Journaliste *et* héroïne ! Excellent ! Le prix Pulitzer assuré ! Vonda se leva, suivie de son comparse. Personne ne s'occupait d'eux. Les vigiles surveillaient un groupe d'ivrognes qui, par deux fois, avaient essayé de s'écharper avec des tessons de bouteille. C'était le moment idéal pour filer à l'anglaise.

« On y va, trancha-t-elle.

– Où ça ?

– En bas. Filmer ces blessés. Et en sauver un ou deux si possible.

– Mais… En bas, y a de l'eau.

– On improvisera. Un bon journaliste doit savoir improviser ! »

51

L'un des survivants avait découvert un Steinway tout neuf, caché sous un drap blanc, dans un coin de la salle à manger. Il s'était aussitôt mis au piano. L'homme paraissait ivre mais jouait plutôt bien. Une femme l'accompagnait de sa voix mélodieuse. Les paroles de « My Funny Valentine » s'élevaient dans la nuit, tristes et mélancoliques.

Il faisait de plus en plus froid. Les messieurs prêtaient leur veste aux dames. On retrouvait, l'espace d'un instant, une galanterie surannée, très « belle époque ».

Nathan Hamilton évitait consciencieusement de regarder dans la direction de Tina et ses petits camarades. Il ne disait mot. À voir sa tête, on pouvait imaginer que ses pensées n'avaient rien de joyeux. Son père s'assit à côté de lui. Il paraissait avoir pris dix ans d'un seul coup.

« Je suis désolé, murmura le Big Boss. Je… Je n'ai pas voulu tout ça. »

Napoléon avait sans doute dit quelque chose de similaire au soir de Waterloo.

« Je n'ai pas voulu tout ça, répétait-il, comme un automate. Tu me crois, toi, au moins ?

– Je te crois. Bienvenue chez les humains, papa. »

Le garçon posa une main sur l'épaule de son paternel. Ce dernier lui avait toujours fait l'effet d'un bloc. Une masse sombre, effrayante, un totem phallique érigé d'une seule pièce. Le monolithe de *2001 : l'odyssée de l'espace*. Oui, c'était exactement ça ! Pour la première fois, Nathan percevait des fissures, des failles, dans cette matière qu'il croyait inaltérable. Le rêve du Big Man venait de se briser. Les médias allaient le laminer, à coup sûr. Et, pire que tout, il devrait vivre avec le poids de dizaines de morts sur la conscience. Si toutefois ils s'en sortaient, bien sûr. Murray Hamilton avait joué gros. Très gros.

Et il avait perdu.

La silhouette vacillante de Katherine Wells apparut dans l'encadrement de la grande porte. Ses joues étaient sales, ses cheveux crasseux et emmêlés, son corps couvert d'ecchymoses, mais une flamme farouche brûlait encore dans ses yeux. Elle repéra tout de suite le P.-D.G. et son fils.

« Monsieur Hamilton… Il faut quitter le dôme ! La poche d'air dans laquelle nous nous trouvons se comprime.

– Vous êtes cocasse ! railla le quinquagénaire. L'eau est glacée, dehors, et les panneaux étanches nous isolent du reste de la station.

– Il n'y a pas des combinaisons, dans les environs ?

– Dans les ateliers de maintenance… Mais ils sont tous inondés à l'heure qu'il est. »

Le cœur de la jeune femme se déchira. Paul était logiquement dans ce secteur au moment de la catastrophe. Avait-il réussi à s'enfuir ?

« Vous êtes en liaison avec la salle de contrôle ? questionna-t-elle, les larmes aux yeux.

– Injoignable. Notre réseau de communication interne déconne… comme tout le reste. »

L'océanographe s'assit sur le parquet. Il devait bien y avoir une solution. Elle remarqua Terence Granchester, prostré un peu plus loin. Il était devenu l'ombre de lui-même. Une bouffée de haine revigora Kathy. À ses yeux, l'aristocrate n'avait plus grand-chose d'un être humain. Elle serra les poings instinctivement. Ce pauvre type symbolisait tout ce qu'elle méprisait : le besoin de profit, le mépris d'autrui… Il avait mis en péril la vie de centaines de personnes. Tout ça pour du fric ! Comme s'il n'en avait pas déjà assez. Mais son argent n'allait pas l'aider à sortir d'ici. Maigre consolation…

« Je vais le tuer celui-là, siffla-t-elle.

– Calmez-vous, grogna le Big Boss. De toute façon, il n'en a plus pour longtemps. Nous sommes tous logés à la même enseigne. »

Kathy secoua la tête en exhalant un long soupir. Hamilton avait raison. Massacrer l'autre pourri ne résoudrait pas leurs problèmes… mais Dieu que ce serait agréable !

52

Les ouvriers chargés de restaurer le *Titanic* avaient fait du bon travail. La vieille coque semblait relativement étanche… pour le moment. Sous le dôme, le niveau de la mer s'élevait à plus de 15 mètres alors que, dans le bateau, seul le « rez-de-chaussée » (le pont F) avait subi les outrages de l'inondation.

L'escalier de service emprunté par Vonda McCaffery et son équipier ne payait pas de mine. On était loin de l'opulence du secteur des première classe. Même les lampes de secours avaient rendu l'âme. Le spot de la caméra tenait à distance les poches d'opacité, mais cette lumière unique paraissait bien dérisoire face aux ténèbres omniprésentes.

Malgré le froid, la sueur collait entre eux les cheveux de la journaliste. Elle les ramena vivement en arrière.

« Ici Vonda McCaffery, à l'heure où je vous parle, l'eau monte toujours. L'angoisse aussi. »

Elle employait des phrases courtes, des mots simples. C'était l'une des premières choses que l'on vous enseignait à la télé. Pas de chichis !

« On nous a signalé des blessés, non loin d'ici, dans ce qui fut jadis la salle des machines.

– Des chaudières », corrigea Ray.

Elle lui jeta un regard assassin et reprit :

« Ces gens sont-ils toujours coincés ? Peut-on encore les sauver ? Nous allons faire de notre mieux. »

Le bas de l'escalier disparaissait dans des remous peu engageants.

« Je… Je n'irai pas là-dedans », bredouilla le jeune homme.

Vonda se retourna, vérifia que le voyant rouge de la caméra était bien éteint, puis elle hurla :

« Tu vas faire ce que je te dis, petit con ! Tu es payé pour exécuter un boulot et ce boulot, c'est de me suivre, *moi* ! Pigé ? Si je descends dans cette fange, tu me suis. S'il me prend l'envie d'aller nager dehors, tu me suis. Et si je décide d'aller faire un tour en enfer pour interviewer le diable en personne, tu me suis ! »

Ray avala sa salive. Vonda changea de registre :

« Ne panique pas. Des secours vont venir nous chercher à un moment ou à un autre. Il y a plein de sous-marins qui tournent autour de cette foutue coupole. On fait ces dernières prises de vue et après on se repose et on attend bien sagement la cavalerie, avec les autres, dans la salle de réception, d'accord ?

– Je... D'accord.

– Bien. Bon garçon. »

Elle s'avança dans l'eau. Glacée. Vraiment glacée ! Elle songea à son futur prix Pulitzer. La gloire. La reconnaissance. Elle publierait un livre. Ses mémoires. Un best-seller qui resterait en tête de la liste du *Times* plusieurs semaines d'affilée... Cela valait bien quelques désagréments. Elle grimaça et réprima à grand-peine un frisson. L'eau lui arrivait presque à la poitrine. Bon Dieu, elle ne tiendrait pas très longtemps...

« Vas-y, filme », ordonna-t-elle.

Le cadreur obéit. Il claquait des dents et faisait des efforts désespérés pour maintenir sa caméra hors de l'eau.

« Vonda McCaffery, pour Câble-News. Je m'avance à présent vers la salle des ma... des chaudières. Il fait très froid. Et noir. Une ambiance de film d'épouvante. »

À cet instant, un boîtier électrique crépita à côté d'elle. Elle sursauta et lâcha un petit cri de surprise alors qu'une gerbe d'étincelles jaillissait en pluie de feu.

« C'est... C'est très, très dangereux », improvisa-t-elle.

Ray acquiesça en son for intérieur. Il acquiesça encore davantage lorsqu'une longue plainte métallique sortit des entrailles du navire. Vonda se figea, en garde. Elle serrait tellement fort son micro que les jointures de ses mains apparaissaient blanches à la lueur du projecteur. Il y eut une série de craquements, de grincements lancinants du plus terrible effet...

« On devrait s'en aller », risqua le cameraman.

Elle fit semblant de ne pas l'entendre.

« Voilà la porte de la salle... Je... Je vais essayer de l'ouvrir. »

Elle tira la poignée. Des centaines de litres d'eau se déversèrent en cascade dans le vestibule. Emportée par le flot, Vonda vint cogner contre Ray. Le jeune homme but la tasse. Son matériel lui glissa des mains. Des fragments divers tourbillonnaient autour d'eux. Des fragments qui ressemblaient à... des cadavres. Vonda poussa un cri. La peur et le dégoût s'y mêlaient étroitement. Elle tomba nez à nez avec un mort flottant. Ses yeux vitreux, sa bouche entrouverte n'exprimaient aucune émotion. On aurait dit un...

« Un mannequin ! » glapit-elle, tout en recrachant de l'eau de mer.

Les trois marionnettes animatroniques (deux chauffeurs et un soutier) rebondissaient contre les parois, se cognaient les unes contre les autres dans une sorte de ballet aquatique aussi macabre que grotesque.

« Les voilà, tes blessés ! fulmina la journaliste, proche de l'hystérie. Des conneries de mannequins !

– On devrait partir d'ici, suggéra Ray. De toute façon, la caméra est fich... »

Il s'interrompit. Un nouveau gémissement sortait du ventre du paquebot, un râle presque mélodieux. Une pensée saugrenue lui traversa l'esprit. Ce long cri lui rappelait la complainte des baleines, à la saison des amours. Son père lui avait fait écouter des enregistrements de cétacés, quand il était tout gosse, et il avait adoré ça.

Il fut pris d'un fou rire nerveux.

« Des baleines ! Ha, ha, ha ! Des baleines !

– Quoi ? Qu'est-ce que tu racontes ? »

Elle n'eut jamais la réponse. Au même instant, des rivets sautèrent pas très loin d'eux. Les grincements se transformèrent en rugissement lorsque l'océan s'engouffra avec force. Vonda essaya de s'agripper aux canalisations qui couraient le long du plafond. Impossible de rejoindre l'escalier à temps. Elle avala une dernière goulée d'air avant d'être engloutie. Ray riait toujours lorsque l'eau commença à pénétrer dans ses poumons. Il hoqueta, hurla des gargouillements incompréhensibles, cracha des chapelets de bulles en se tortillant. Ses pieds tricotaient ridiculement. Ses bras étreignaient un adversaire invisible. On aurait dit un possédé durant une séance d'exorcisme. Puis, progressivement, ses yeux exorbités cessèrent de cligner. Sa langue sortit de sa bouche, comme un bizarre mollusque marin. Ses muscles produisirent un ultime spasme.

Et il mourut.

Vonda essaya de s'orienter dans la pénombre mouvante. De quel côté se trouvait l'escalier ? Le froid engourdissait son corps. Elle avait de plus en plus de mal à nager. Des éclairs brûlants traversaient sa cage thoracique. Ne pas ouvrir les lèvres. Ne pas respirer. Rester calme.

Soudain, elle aperçut un point rouge dans la nuit. Le voyant de la caméra. Fascinée, elle ne pouvait détacher son regard de ce petit reflet à l'éclat de rubis. L'appareil filmait toujours ! Elle tendit une main vers cet œil électronique qui enregistrait froidement ses derniers instants. Elle n'aurait jamais le prix Pulitzer, ou alors à titre posthume. Tout était fini. La lueur de braise clignota et disparut.

Il n'y avait plus que du noir autour d'elle.

À tout jamais.

Elle ouvrit la bouche pour hurler.

53

Wesson s'entêtait.

Un long tube flexible, pas très différent d'un tuyau d'arrosage, sortait du Mini-Sub, tenu par deux bras articulés. À son bout, une sorte de pulvérisateur crachait la mousse. Après une demi-heure d'efforts acharnés, Wesson n'avait réussi à boucher qu'un huitième de la faille. En effet, le composite blanc durcissait presque instantanément dès qu'il sortait du tuyau. Il fallait l'appliquer au centimètre près, tout en essayant de maintenir le sous-marin de poche relativement stable. La puissance du courant d'aspiration avait décru, ce qui était logique : la bulle d'air compressée à l'intérieur du dôme ralentissait progressivement la montée des eaux.

« Où en êtes-vous ? crachota la voix de Pam Johnson dans l'intercom.

– Hum… On ne peut pas dire que ça avance vite… Mais je ne me suis pas fait ratatiner contre la paroi, c'est déjà ça. Je continue !

– Dégagez… Criitchhh…

– Quoi ?

– Je répète : dégagez… On a une mauvaise nouvelle… Crrrrrr… L'un des sous-marins de secours est victime d'une avarie. Le pilote est mort. D'après nos calculs, il va tomber en plein sur le bouclier et risquer de le bousiller pour de bon… »

Le tueur murmura un juron pour lui-même. Il ne manquait plus que ça. La loi de Murphy : emmerdement maximal !

« L'écran protecteur fonctionne toujours, non ? hasarda-t-il, la mâchoire serrée.

– Oui. Mais il donne des signes de faiblesse. Je ne sais pas s'il résistera au choc, je vous dis… Crrrrr… S'il craque, il vaudra mieux ne pas se trouver dans le périmètre. J'ai déjà ordonné à tous les autres Mini-Subs de garder leurs distances... »

Wesson tapa du poing sur le Plexiglas blindé ! C'était trop bête. Malheureusement, il n'y avait pas grand-chose à y faire...

« Je dégage », dit-il en laissant percer l'amertume dans sa voix.

Le petit submersible prit de la hauteur. Le dôme nord était toujours zébré de longues traînées luminescentes. Le tueur nota que les couleurs avaient sensiblement perdu de leur éclat depuis tout à l'heure. Des brandons d'un jaune baveux côtoyaient des tourbillons lapis-lazuli. Des bouquets d'étincelles explosaient sur des rubans qui ressemblaient à des aurores boréales pâlichonnes.

Wesson vira à tribord. La voix de la sagesse lui dictait de s'éloigner, et tout de suite ! Son sonar-scope émit une série de trilles. Le Mini-Sub endommagé ! Il n'était plus qu'à 100 mètres du fond. Wesson entama le compte à rebours dans sa tête. Le petit écho lumineux poursuivait sa descente inexorable. Deux mètres par seconde, s'il se fiait aux instruments. L'impact aurait lieu dans moins d'une minute.

Moins d'une minute...

À moins que...

Le tueur à gages amorça un demi-tour. Son idée était dingue, d'accord, mais ça ne voulait pas dire qu'elle serait forcément vouée à l'échec...

Une bordée de grésillements résonna aussitôt dans l'habitacle :

« Criiiitcchhhh... MS 1 ? Qu'est-ce que vous fichez ? !

– Je vais jouer aux autos tamponneuses, annonça-t-il d'une voix blanche. Ça gêne quelqu'un ?

– Pardon ? »

Il ne répondit pas. Son cœur battait vite et fort.

MS 5 entra dans son champ de vision par le haut. Cinquante mètres avant l'impact. Le tueur à gages se livra à un rapide calcul. Avait-il pris assez d'élan ? Ça allait être sacrément juste. Pas le temps de tergiverser. Son moteur vrombit. Turbines à fond !

« Vous êtes malade ? cria Pam Johnson dans l'intercom. Vous voulez vous tuer ou quoi ? »

Wesson garda le silence. Il espérait que la coque en titane soit aussi résistante qu'elle en avait l'air. Sinon... *Adios amigos !* Est-ce que saint Pierre allait lui rire au nez, lorsqu'il se pointerait là-haut ? Pas sûr, ce coup-ci... Il se mit à siffloter un vieux tube de ZZ Top, histoire de tromper sa propre nervosité. Pour la première fois de sa vie, il avait peur. Une trouille bleue. Et une part de lui-même aimait ça !

« Je deviens maso », songea-t-il avec un sourire.

Pendant ce temps, Pam Johnson s'époumonait dans le haut-parleur.

« Stoppez les machines, bon Dieu ! »

MS 5 grossissait dans le pare-brise de Wesson. Dix mètres avant l'impact.

Neuf. Huit.

Il se renfonça dans le capitonnage de son siège, anticipant le choc.

Six. Cinq.

Il arrêta de siffler.

Trois. Deux.

« Crrrrr... Vous allez vous... »

Un.

Fracas d'apocalypse.

Le siège de Wesson se dévissa de son socle, le projetant dans toutes les directions. La tête en bas, il vit le dôme scintillant s'approcher. Des pensées défilaient à toute vitesse dans sa tête. Cortège interminable, comme un train de marchandises. Il se redressa. Ses réflexes de mercenaire jouaient pour lui :

« Manche à balai ! Tirer dessus. Oui, comme ça. »

La carlingue frôla le bouclier. Un éclair d'énergie fit grésiller les consoles. Le sous-marin glissa puis rebondit sur la coupole, tel un vulgaire jouet de Celluloïd. Le tueur avait l'impression de se retrouver dans un carambolage démentiel. Il y eut un autre choc, un choc ultime cette fois, puis plus rien.

Un brouillard de vase s'agitait autour de l'appareil. On aurait dit l'encre d'une pieuvre en furie.

Wesson essaya de se redresser, tout surpris d'être encore en vie. Une brumisation salée, diffuse mais persistante, aspergeait son visage. Le sel mettait à vif ses nombreuses coupures. Il grimaça. Plusieurs côtes lui faisaient atrocement mal. Il avait dû se casser ou se fêler quelque chose.

« Merde », grogna-t-il en inspectant les instruments.

De nombreux voyants rouges clignotaient. Les oreilles du tueur se bouchèrent. Mauvais signe. Le pare-brise était tout étoilé mais semblait tenir le coup. De l'autre côté, la boue en suspension se dissipait. Wesson remarqua MS 5, échoué un peu plus loin, en un seul morceau. Il était parvenu à dévier la trajectoire du Mini-Sub endommagé ! Ils avaient atterri tous les deux à quelques mètres du bouclier. Celui-ci fonctionnait toujours… Il avait réussi son coup ! Il avait sauvé les rescapés de la coupole nord !

« Génial », lâcha-t-il, content de lui.

Il entendit une sorte de « whoooshhh ».

Ses organes internes explosèrent comme une bombe et le sous-marin se compressa d'un seul coup, dans un maelström de bulles, de chair et de métal tordu.

54

Un silence de mort s'abattit sur la salle de contrôle.

Paul n'arrivait pas à y croire. Le tueur à gages paraissait si sûr de lui, si invulnérable. On l'aurait dit capable de se sortir de n'importe quelle situation... Il secoua la tête. Une pointe de tristesse aiguillonna son cœur.

« Je ne connaissais même pas son nom », marmonna-t-il en frottant ses yeux fatigués.

Pam Johnson avait enfin réussi à dénicher une cigarette. Elle tirait dessus comme si sa vie en dépendait.

« Les accélérateurs linéaires commencent à nous lâcher. Le 4 et le 3 sont HS ! Le 2 et le 1 ne vont pas tarder à rendre l'âme... Plus d'accélérateur = plus de faisceau = plus de bouclier !

– Combien de temps ?

– Difficile à dire... Pas beaucoup plus de trente minutes, en tout cas. »

Cette dernière phrase déclencha une rafale de sombres murmures. Martinez se massa le front. Il avait l'air au bout du rouleau. Paul se mâchouillait sans relâche l'intérieur de la joue. Kathy était peut-être encore là-bas. Il ne cessait de se le répéter. Il aurait aimé être une petite souris, ou plutôt un petit poisson, pour se glisser sous le dôme et voir ce qui s'y passait. Un petit poisson...

« Mais comment n'y avons-nous pas pensé plus tôt ? lâcha-t-il en se frappant le crâne du plat de la main.

– Qu'est-ce qui vous arrive, Lomat ? grinça le chef de la sécurité.

– Vos petits robots téléguidés !

– Les ROV ?

– Oui, voilà la solution. Il vous reste des scaphandres pressurisés ?

– Avec ceux des équipes de maintenance… une quarantaine.

– Bon… On fera avec…

– Vous allez nous expliquer, oui ou non ? »

L'assureur parla. Ils l'écoutèrent.

En moins de deux minutes, le branle-bas de combat fut général.

55

Katherine Wells déboucha sur le pont d'embarcation, le souffle court, les tempes douloureuses. Il faisait un froid hivernal renforcé par l'humidité ambiante. Pas loin de 0 °C. Elle éprouvait des difficultés à respirer normalement. Une douleur sourde stagnait au niveau de ses sinus. Elle leva les yeux vers l'écran moléculaire. Des comètes orangées dansaient au-dessus de sa tête. Des « feux de Bengale » crépitaient. Ils apparaissaient çà et là, de manière totalement anarchique, puis s'évanouissaient presque aussitôt dans une myriade d'escarbilles incandescentes.

L'océanographe jeta un œil par-dessus bord. L'eau avait presque rempli la moitié de l'espace disponible et montait toujours. La partie restaurée du *Titanic* ressemblait à une maquette enfermée dans une bouteille… à demi remplie d'eau.

Pas brillant, tout ça.

La jeune femme avala sa salive. Ses oreilles se bouchaient puis se débouchaient à coups de déglutition. Elle avait la sensation que la pression s'accroissait de minute en minute.

Elle retourna vers le grand escalier, à petits pas, en s'appuyant sur tout ce qu'elle trouvait, comme une vieille dame de 80 ans. Descendre les marches lui demanda un effort conséquent et, plusieurs fois, elle dut s'agripper à la rambarde pour ne pas défaillir. Le vacarme de l'océan résonnait fort, à présent, dans le grand hall. Elle se pencha pour observer le puits de l'escalier. Une eau d'un vert très sombre envahissait le pont E. Cette vision glaça ce qui lui restait de sang tiède.

Elle pénétra dans la salle à manger moins d'une minute plus tard.

Les rescapés avaient l'air aussi épuisés qu'elle. Une femme avait perdu connaissance. Un homme lui faisait du bouche-à-bouche.

Kathy secoua Murray Hamilton. Il paraissait sur le point de s'endormir et luttait pour garder les paupières ouvertes.

« Nous devons monter, dit-elle d'une voix lasse. L'eau arrive. »

Le P.-D.G. opina. Il se releva en grimaçant et frappa dans ses mains, sans grande conviction :

« Mes amis… Nous devons évacuer cette salle… »

Quelques paires d'yeux hagards se tournèrent vers lui. D'autres personnes restèrent sans réaction.

« Nous… Nous devons partir », insista le Big Boss.

Les hommes de la sécurité aidaient les gens les plus faibles. Un regain de nervosité accompagné d'un tohu-bohu se propageait dans l'assistance. Nathan donnait l'exemple. Il s'occupait d'un couple de personnes âgées qui se tenaient la main comme une paire d'écoliers bien sages, prêts à traverser au feu rouge. Hamilton sentit un regain de fierté l'envahir. Son fiston se comportait comme un homme. C'était bien le seul point positif dans cet océan de désillusions.

Il allait parler lorsque, une, puis deux, puis trois, puis quatre fenêtres volèrent en éclats. Des morceaux de vitraux fusèrent alors que l'eau faisait irruption dans la salle à manger, balayant tout sur son passage. La panique donna un coup de fouet aux survivants. Invités et vigiles se bousculaient pour rejoindre la sortie. Plusieurs retardataires furent happés par la déferlante. Certains essayèrent de s'accrocher à des tables, à des chaises, mais aucun ne connut la clémence de l'océan. L'homme qui avait joué « My Funny Valentine » au piano grimpa sur le Steinway en poussant des cris de terreur. Une colonne massive tomba sur son torse, l'écrasant dans un concert de notes discordantes.

Hamilton et Kathy sortirent les derniers. Au même moment, toute la rangée des fenêtres à tribord explosa. La pièce fut engloutie en un instant.

Pour la seconde fois en cent ans, le *Titanic* mourait.

56

Vingt ROV glissaient vers la brèche, à la queue leu leu : une procession de machines, à 3 800 mètres sous le niveau de la mer. Chaque robot portait un container en forme de cercueil au bout de ses bras articulés. Les scaphandres étaient rangés, deux par deux, dans ces boîtes de métal, avec des bouteilles d'oxygène et des trousses de premier secours.

Paul dirigeait le ROV de tête, le n° 1, relié à un câble de sécurité, comme un petit chien tenu en laisse. Les autres robots, eux, progressaient sans entrave, télécommandés par des techniciens avertis.

« Vous allez y arriver, Lomat ? s'enquit Martinez, penché par-dessus l'épaule de l'assureur.

– Sûrement pas si vous continuez à me poser cette question toutes les trente secondes. »

Il se concentra sur l'écran vidéo. L'image était de médiocre qualité, en noir et blanc, striée de zébrures, mais il devait faire avec. Un coup de joystick à gauche, un coup de joystick à droite. Au moins, le robot répondait parfaitement à ses inflexions.

« J'y suis presque », commenta-t-il à mi-voix.

Il distinguait un trou sombre, dans ce qui avait été jadis l'atelier de maintenance n° 4. Wesson n'avait pas réussi à tout colmater. Le ROV commençait à avoir la tremblote, conséquence du courant d'aspiration tout proche. Ce dernier avait encore diminué, mais il restait un danger pour quiconque s'aventurait dans les parages.

Paul tirait la langue, comme un élève appliqué. Il fallait éviter les arêtes de la faille, surveiller le déroulement du câble ainsi que l'avancée des petits copains, juste derrière. Cela faisait pas mal de choses à contrôler simultanément.

« ROV 2, ROV 3, ralentissez, dit-il dans son casque micro. Vous me collez aux fesses.

– Reçu.

– Reçu. »

Quelqu'un poussa un juron. Le n° 3 venait de riper sur l'angle de la brèche. L'un de ses congénères, malmené par les turbulences, le percuta. Il s'ensuivit un embouteillage qui aurait pu paraître presque comique en d'autres circonstances. Un des derniers ROV, qui avait mal négocié son approche, manqua le trou et s'écrabouilla sur des torsades de titane. Ses servomoteurs étant hors service, il coula à pic.

Paul était déjà dans le terminal dévasté. S'il s'y prenait mal, il risquait de rebondir comme une boule de flipper dans tous les sens. Ses rétroturbines tournaient à plein régime pour compenser les effets du courant. Il cogna quelque chose (un meuble ? un cadavre ?). L'image devint neigeuse. Le robot téléguidé heurta un mur et mit quelques instants à retrouver son assiette. La caméra vidéo effectua un panoramique. Là, juste à gauche : le trou rond de l'écoutille qui menait à l'anneau d'entretien. Cette dernière avait disparu, emportée par les flots. L'orifice était juste assez large pour laisser passer les ROV, manœuvre délicate entre toutes.

« Bah, grogna Paul en son for intérieur. Ce n'est pas beaucoup plus dur que les jeux vidéo de Stacy. »

Oui, voilà ce qu'il devait se dire pour rester cool : il jouait à un bête jeu vidéo. Sauf que là il devait sauver des vies humaines en guise de « Boss de fin de niveau » !

57

Sur le pont promenade, Hamilton et ses hôtes se traînaient, terrorisés, petits bonshommes livrés en pâture aux éléments. La pression rendait leurs tympans affreusement douloureux. L'orage artificiel tonnait au-dessus de leurs têtes dans une débauche de couleurs prismatiques, pendant que l'eau venait lécher le pont avant. Laquelle de ces menaces allait mettre un terme en premier à leur agonie ? Ils n'en savaient rien. Ils se contentaient d'attendre la « grande faucheuse », résignés.

Les « Assassins Droïds » avaient échappé aux flots. T.J. et Mike, complètement déconnectés de la réalité, discutaient pour savoir quel acteur allait jouer leur propre rôle si, un jour, on tirait un film de la présente catastrophe. Tina, elle, s'était jointe à Nathan, qui se démenait pour aider les plus mal en point. Alex Kington, livide, halluciné, n'avait pas manqué de les railler :

« Oh, le joli couple ! Les jolis boy-scouts, tout gentils, tout roses… Vous me donnez envie de gerber. »

Le crachat de la jeune fille Eurasienne l'avait manqué de peu mais au moins, cela avait eu le mérite de le faire taire.

Soudain, quelqu'un cria (en fait, c'était plus un coassement qu'un cri). Trois femmes et deux hommes venaient de s'évanouir.

« Plusieurs personnes souffrent d'hypothermie, déclara lugubrement John Zapruder. Nous ne sommes plus que 32. »

Même à l'article de la mort, le fidèle Zapruder trouvait la force de venir faire un rapport à son patron. Ce dernier se laissa glisser contre le quartier des officiers.

« C'est fichu, gémit-il. On ferait mieux de se balancer tous à la flotte. Au moins, ce serait réglé.

Puis, dans un sursaut :
– Nathan ? Où est Nathan ?
– Il n'est pas loin. Il va bien. »
Hamilton parut se calmer.

Kathy cherchait un argument valable pour leur remonter à tous le moral mais n'en trouva aucun. Son cerveau lui donnait l'impression de fonctionner par à-coups. Elle songeait à Paul, au couple qu'ils auraient pu former. C'était idiot, un tantinet fleur bleue, mais elle ne pouvait s'en empêcher. Une vie « virtuelle » défilait en accéléré dans sa tête. Une vie de couple avec des joies, des peines, du sexe, de la tendresse, des rires d'enfants, des barbecues le dimanche, des vacances sur la côte ouest, et plein d'autres choses encore… Des cris mirent un terme à ses pensées. Une femme était prise de convulsions.

« Est-ce qu'il y a des masques à oxygène quelque part ? » questionna Kathy.

Zapruder et son patron échangèrent un regard à la fois ahuri et paniqué.

« Je… Je ne sais pas, bredouilla le P.-D.G. de Deep Blue Dream. Qu'est-ce qui lui arrive ?

– Syndrome nerveux des hautes pressions », dit Kathy en s'agenouillant près de la malade.

Elle essaya de lui faire du bouche-à-bouche, mais la femme se débattait. Ses spasmes cessèrent brusquement. Elle se tendit comme la corde d'un arc, cessa de bouger. Kathy lui ferma les paupières.

« C'est ce qui nous attend tous, à plus ou moins court terme », prophétisa-t-elle.

L'océan rampait sur le gaillard d'avant. Les bases respectives du mât de charge de l'ancre, du gréement et du nid-de-pie disparurent dans l'eau.

Hamilton eut un rire dénué de toute joie.

« Et qu'est-ce qu'on va faire quand la mer viendra nous mouiller les pieds ?

– Il nous reste les canots de sauvetage », proposa Kathy.

Elle pointa son index en direction des grosses barques suspendues à bâbord et à tribord. Il y avait également deux radeaux pliables, à fond plat, sur le toit de la timonerie.

« Vous savez comment mettre ces trucs à l'eau ? interrogea le Big Boss. Ce sont des répliques exactes des canots de 1912. Je ne suis même pas sûr que les bossoirs fonctionnent. »

La jeune femme regarda autour d'elle. Les rescapés encore debout se comptaient sur les doigts d'une main. Auraient-ils la force d'embarquer dans un canot ? de larguer les amarres ? Non, certainement pas. Elle avait essayé d'y croire jusqu'au dernier instant mais, cette fois, il fallait bien se rendre à l'évidence : ils arrivaient au bout de la route. Plus d'issue. Peut-être qu'Hamilton avait raison. Hop, un plongeon dans l'eau sombre, fermer les yeux, se laisser aller… Cela devenait si difficile de lutter !

Deux gouttes salées coulèrent sur les joues de Kathy. Elle s'avança vers la rambarde. Des restes d'échafaudages flottaient autour du paquebot. Quelques corps, également. Elle regarda par-dessus son épaule. Hamilton discutait avec Zapruder. Ils ne réagiraient pas assez vite pour l'arrêter. Parfait. Elle enjamba la balustrade. Sa décision était prise.

Elle allait sauter lorsque quelque chose creva la surface dans un bouillonnement de bulles, à moins de trois mètres de la coque. Une tête de ROV ! Un autre robot téléguidé apparut, puis encore un autre. Elle mit une poignée de secondes à réaliser ce que cela signifiait. Lorsque ce fut chose faite, ses pleurs se transformèrent en larmes de joie !

58

Les survivants se passaient le matériel médical de main en main, appliquant le groin translucide sur leur visage, puis aspirant l'air goulûment.

Kathy relisait pour la troisième fois le petit mot de Paul. Elle avait reconnu son écriture dès l'ouverture du premier container.

Attachez la corde reliée à ce ROV puis suivez-la. Elle vous conduira aux restes de l'atelier de maintenance N4. Passez par la brèche. Des Mini-Subs seront postés dehors. Ils vous attendent pour vous ramener à la surface. Faites vite.

PAUL LOMAT

PS : à l'attention de Katherine Wells.
Katherine, si tu lis ce mot, je serai dans le Mini-Sub n° 9.
Il me tarde de te voir. Baisers.

« Mademoiselle Wells ! »

Elle leva les yeux. Zapruder et Hamilton commençaient déjà à déballer les scaphandres. Le P.-D.G. paraissait avoir repris du poil de la bête. Retrouvant ses vieux réflexes, il donnait des ordres, dispensait remontrances ou encouragements à « ses troupes ». Tout le monde s'activait. Un vent d'espoir soufflait sur le pont des embarcations.

« Pouvez-vous nous donner un coup de main ? » demanda le Big Boss.

Elle opina en rangeant le petit mot dans sa poche.
« J'arrive. »
Le temps leur était compté.

Pam Johnson colla ses doigts repliés contre ses lèvres, dans une pause méditative, l'index légèrement relevé. Elle n'aimait pas ce que sa console lui annonçait. Le bloc ordinateur éclairait son visage par en dessous, soulignant les cernes de fatigue sous ses yeux et faisant saillir les pommettes. Une véritable lumière de film d'horreur.

La jeune femme se tourna vers l'opérateur radio.

« Toujours rien ?

– Toujours rien, confirma Dave, d'une voix éteinte. Le bouclier ?

– C'est la fin. Le troisième accélérateur linéaire vient de rendre l'âme. L'eau va rentrer dans la cavité du faisceau. L'écran disparaîtra dans moins de cinq minutes. »

Aucun technicien ne fit de commentaire. Tout le monde savait à quoi s'en tenir.

59

Les 31 rescapés revêtus de leur scaphandrier avançaient en file indienne, guidés par la longe de sécurité. En effet, malgré les lampes frontales, la visibilité sous l'eau restait fort limitée. De loin, ils ressemblaient à une expédition spatiale explorant un sol inhospitalier. Hamilton, requinqué, ouvrait la marche.

Kathy était en queue de peloton. Assistée de Nathan et Tina, elle s'assurait que personne ne se laissait distancer. Les invités les plus âgés progressaient avec une lenteur de gastéropode. D'ailleurs, l'océanographe elle-même ne se sentait pas si bien que ça. Elle transpirait, ce qui avait tendance à embuer sa visière. Même réglées au minimum, les capsules chauffantes produisaient une touffeur d'étuve. Après le froid de tout à l'heure, elle avait l'impression de se retrouver plongée dans un hammam. En plus, l'air des bouteilles avait un arrière-goût cuivré assez désagréable.

La jeune femme serra les dents.

« Allez, encore un peu de courage… »

Elle n'avait pas fait tout ce chemin pour craquer maintenant.

Le groupe arriva dans ce qui restait de l'anneau d'entretien, c'est-à-dire plus grand-chose. Des cadavres glissaient quelques mètres au-dessus du sol, les bras écartés, dans des pauses extatiques. Leurs cheveux évoquaient des algues brunes caressées par un doux flux marin. Kathy reconnut l'un des morts. Il s'agissait du garçon qui accompagnait le vieux monsieur, le dernier survivant du *Titanic*. Daniel Silliphant avait les yeux grands ouverts. Sa bouche formait un *o* presque parfait. L'océanographe détourna le regard. Elle avait vu suffisamment de morts pour aujourd'hui, et même pour tout le restant de son existence !

Les rescapés formèrent un cercle autour de Murray Hamilton. Il se tenait non loin de l'échelle de fer, à la verticale de l'atelier de maintenance n° 4. De violents remous dus au courant agitaient encore cette zone. Lorsqu'il fut certain que tout le monde était bien là, le P.-D.G. régla son micro sur la fréquence commune. Sa voix résonna dans les intercoms individuels :

« Vous allez grimper cette échelle, un par un, pour arriver dans une petite pièce dévastée avec une brèche quelque part. Je ne connais pas la taille de ce trou, mais je pense que l'on peut s'y glisser sans trop de problèmes. Normalement les sous-marins seront juste derrière. »

Il y eut un murmure de soulagement général, très clair malgré la médiocre qualité du système audio des casques. Hamilton poursuivit :

« Bon, on y va, par groupes de dix. Les Mini-Subs ne peuvent embarquer qu'une dizaine de passagers à la fois. Pas de panique. Pas de précipitation. Il y aura de la place pour tout le monde. Des questions ? »

Pas de questions.

« Très bien. (Il pointa du doigt une rangée d'hommes et de femmes.) Vous, de là à là. Vous êtes les dix premiers. Allez-y, et dans le calme, s'il vous plaît ! »

Granchester, qui faisait partie du groupe sélectionné, s'avança vers l'échelle. Hamilton le stoppa en l'attrapant par la manche.

« Vous, Terence, vous restez avec moi. Allez-y, monsieur, prenez sa place. (Il plongea son regard dans celui de l'aristocrate.) Nous embarquerons ensemble, en dernier. Nous attendrons que tout le monde soit hors de danger, d'accord, Terence ?

– Euh… Oui… Oui, bien sûr. »

Granchester avait compris que, pour le moment, il devait faire profil bas. Nathan Hamilton fronça un sourcil et s'approcha de son père.

« Papa, tu es sûr que… ?

– Ne t'inquiète pas, fiston. Tout va s'arranger, maintenant.

– Tu sais, t'es pas obligé de jouer au capitaine Smith.

– C'est-à-dire ?

– Pas la peine de couler avec le navire, du genre "Partez sans moi. Je reste jusqu'au bout, etc.". Tu vas pas faire de connerie, hein ? »

Le P.-D.G. sourit :

« Non. Je te le promets. File avec ta copine. On se retrouve là-haut, c'est d'accord ?

– D'accord. »

Dave fit un bond sur son siège, les écouteurs toujours vissés sur les oreilles.

« Ça y est ! J'ai un signal ! »

Pour un peu, il en aurait pleuré.

« Un premier groupe est sorti du dôme nord. Ils embarquent dans MS 6 ! »

Il marqua une pause, hocha la tête trois fois en écoutant son interlocuteur, puis reprit :

« Les autres suivent. Un nouveau lot de dix personnes… Ils font la queue devant MS 7…

– Combien y a-t-il de survivants ? questionna un vigile, depuis l'autre bout de la salle.

– Je n'ai pas encore de chiffre.

– Qu'ils se grouillent », marmonna Pam Johnson en vérifiant ses relevés électroniques.

Elle s'était déjà rongé tous les ongles. Maintenant, elle s'attaquait à la peau autour !

« Qu'ils se grouillent, bon Dieu… »

60

Kathy monta dans MS 9, en compagnie de Nathan, trois vigiles ainsi que les « Assassins Droïds » au grand complet. Paul l'attendait de l'autre côté du sas. Dès qu'elle mit le pied dans l'habitacle arrière, elle se jeta dans ses bras. Il la serra contre lui, soulagé et fou de bonheur. Ils restèrent enlacés durant une dizaine de secondes, comme s'ils étaient seuls au monde.

« Dites donc, nous aussi on aimerait bien rentrer », fit la voix d'un vigile derrière eux.

Ils réalisèrent qu'ils bloquaient le passage et s'écartèrent aussitôt. Paul n'avait qu'une envie : embrasser Kathy. Il l'aida à enlever son casque. Jamais collier de sécurité ne fut aussi vite dévissé. Leur empressement était touchant. Leurs lèvres se cherchèrent, se trouvèrent et s'unirent dans un long baiser.

Les autres survivants prirent place sur les bancs latéraux. Ils ne tardèrent pas à se débarrasser de leur casque encombrant, eux aussi. Le fils Hamilton se retrouva assis à côté de Tina, sans l'avoir prémédité. Il se crispa à son contact. La présence, la chaleur de la jeune fille le réconfortaient tout autant qu'elles le dérangeaient. La chanteuse paraissait gênée, elle aussi. T.J. et Mike, les yeux fermés, savouraient ce moment de délivrance. En face d'eux, Alex Kington rongeait son frein, coincé entre deux vigiles. S'il avait eu des rayons laser à la place des yeux, Nathan aurait vite été transformé en charbon fumant.

La porte du cockpit coulissa pour laisser apparaître le pilote, un jeune homme de 25-30 ans, avec une casquette de base-ball et un tee-shirt Smiley. Il arborait un sourire de casse-cou.

« Tout le monde est OK ?

– Tout va bien, le rassura Paul.

– Super. Il y a une trousse médicale sous le banc de gauche, pour les bobos les plus urgents. Vous êtes sûrs que tout le monde se sent bien ? »

Kathy, le regard fixé au-delà d'un hublot, intervint :

« Écoutez, je ne veux pas vous brusquer, mais si je me fie aux couleurs du bouclier, là, dehors…

– Vous avez raison, Miss. On y va. »

Terence Granchester grimpa dans MS 10 avec Hamilton. Il ne restait plus qu'eux. Les deux associés attendirent que l'eau s'évacue du sas, puis que la pression s'équilibre. Lorsque ce fut chose faite, ils coupèrent leur champ de protection individuel et purent enfin pénétrer dans la cabine arrière. Le P.-D.G. déverrouilla son casque et s'adressa sèchement à l'aristocrate :

« Restez ici, compris ? J'en ai pour une minute.

– Je n'avais pas l'intention d'aller prendre l'air », marmonna l'autre.

Le Big Boss se rendit vers l'avant. Granchester ruminait ses pensées, la tête entre les mains. Il se sentait bizarre. Trop d'oxygène dans son cerveau ? Il rigola tout seul. Oui, c'était peut-être l'explication. Ou alors il devenait fou. C'était aussi un paramètre à prendre en compte. Cinglé. Marteau. Zinzin. Dingue. Il rit de nouveau. Tout cela n'avait plus beaucoup d'importance. D'ailleurs, plus grand-chose n'avait d'importance, n'est-ce pas ?

Spota, son fidèle Spota, avait disparu. La prison l'attendait. Tout le monde allait lui tomber dessus, une fois qu'il remonterait. On le donnerait en pâture aux hyènes. Il serait le salaud de service, le méchant parfait, l'homme qu'on aime haïr. Les médias allaient se régaler. On le traînerait dans la boue, on l'humilierait, le déchiquetterait. Sans parler de la prison… à moins qu'il ne tire sa révérence en beauté !

Il glissa un œil en direction du cockpit, dont la porte était entrouverte. Murray Hamilton discutait avec le pilote, un type assez gros avec des lunettes. Granchester chercha quelque chose du regard en se tournant de tous les côtés. Il fallait qu'il trouve un objet dur, de préférence contondant. Là, à côté du "médi-kit"… une boîte à outils. Il se pencha, l'ouvrit. Oui, très bien : une grosse clé anglaise, bien lourde, bien solide.

« Vos batteries sont rechargées ? questionna Hamilton.

– C'est bon, fit le pilote en rabaissant une rangée de commutateurs. On met les voiles.

– Je suis soulagé de vous l'entendre di… »

Le P.-D.G. se tut. Il venait d'entendre un bruit derrière lui. Il se tourna juste à temps pour voir Granchester, le bras levé, un filet de bave aux lèvres, le visage déformé par un rictus affreux.

« Non, ne… »

La clé anglaise décrivit un arc de cercle avant de faire exploser l'arcade sourcilière du Big Boss. Un voile pourpre obscurcit sa vision et il perdit connaissance avant même de toucher le sol. Le pilote essaya de se dégager de son siège, para le premier coup avec le bras, tenta une contre-attaque en projetant son talon dans les tibias du forcené. Raté !

Nouveau choc.

Un jet de sang aspergea le pare-brise. Le pilote s'affala lourdement sur le pupitre principal.

Granchester tremblait de peur, d'excitation. De folie aussi. Il traîna ses deux victimes à l'arrière. La transpiration plaquait ses cheveux en mèches compactes. Son sourire avait quelque chose de démoniaque. De retour dans le cockpit, il aperçut MS 9, qui décollait de son lit de vase, droit devant. La petite dinde et son assureur de malheur avaient embarqué là-dedans, si sa mémoire ne lui jouait pas des tours. Superbe. Parfait. Ils allaient avoir droit à leur part du gâteau, eux aussi.

Granchester s'installa aux commandes de MS 10. À maintes reprises, il avait visité « Le cœur de l'océan » à bord de l'un de ces engins. Une fois, un pilote désireux de se faire bien voir l'avait laissé manœuvrer le Mini-Sub pendant cinq minutes. Cela n'avait rien de très sorcier, en définitive. C'était même beaucoup moins complexe que de piloter un jet privé, par exemple, exercice dans lequel il excellait depuis des années.

MS 10 vrombit, éparpillant avec ses hélices le tapis sédimentaire. Comment actionnait-on les pinces, déjà ? Ah oui, cette manette-ci. Très bien. Allons-y gaiement !

« Yahaaa ! » cria le fou en enclenchant les turbines à plein régime.

Le Mini-Sub se catapulta vers l'avant, comme s'il cherchait à éperonner son frère jumeau.

« MS 10, qu'est-ce que vous fichez ? » éructa une voix stupéfaite dans la radio de bord.

L'instant d'après, le métal crissa contre le métal. Le choc fut terrible. La tête de Granchester heurta le pare-brise. Il retomba dans son siège, à moitié groggy. Les deux submersibles s'étaient transformés en une masse de titane enchevêtrée. Les pinces de MS 10 agrippaient les ailerons de sa proie. Les Mini-Subs glissèrent lentement vers le fond, amants monstrueux prisonniers d'une singulière étreinte. Un nuage de vase jeta un voile pudique sur ces ébats douteux.

L'aristocrate était sonné mais pas encore hors de combat. Il chercha des yeux le bouton du survolteur externe. À petite dose, ce gadget servait à combattre la corrosion de la coque… mais il pouvait aussi envoyer un millier de volts sur de grosses pieuvres un peu trop collantes. L'eau étant un excellent conducteur, les céphalopodes comprenaient rapidement la leçon.

Là. Un bouton avec un éclair dessiné dessus !

« Tous mes compliments », cracha Granchester en pressant la touche zébrée.

Le pilote de MS 9 poussa un cri lorsque la décharge remonta le long de son bras pour se propager dans tout le corps. Il eut brièvement l'impression qu'on avait placé un pétard dans sa poitrine, puis il s'évanouit.

La porte du cockpit coulissa. Paul et Kathy se figèrent sur le seuil.

« Merde ! Qu'est-ce qui se passe ? » bredouilla l'océanographe.

Des éclairs parcouraient les instruments. Certains cadrans fumaient. Paul avança sa main vers une console.

« Aïe ! »

Un bouquet d'étincelles le força à battre en retraite.

Dans l'habitacle arrière, les passagers paniqués avaient décollé le dos de la paroi électrifiée. Alex Kington, complètement hystérique, se jeta sur Nathan.

« On va crever ! À cause de toi et de ton gros naze de père ! postillonnait-il, plus terrifié que véritablement en colère.

– Arrête, supplia Tina. On n'a pas besoin de ça ! Pas maintenant ! »

Les vigiles se levèrent pour intervenir, mais Nathan régla le problème tout seul. Il n'avait jamais donné de coup de tête de sa vie. Il agit sans réfléchir, à l'instinct. Son front toucha le guitariste entre les deux yeux. Il y eut un craquement bref, un couinement de surprise, et Kington bascula dans les bras des hommes en gris, inconscient, le nez crachant une fontaine de sang.

Dans la salle de contrôle, les lumières de secours s'éteignirent, revinrent, puis s'éteignirent à nouveau.

« Le bouclier lâche », annonça Pam Johnson en faisant un rapide signe de croix.

Le dôme nord clignota brièvement puis parut se solidifier, se vitrifier sous l'effet d'une brusque fusion. Et, sans transition, tout vola en éclats.

« Aaaahhhhh ! » hurla Granchester alors que l'univers entier entamait un grand huit vertigineux.

Il lâcha les manettes.

Paul nota avec plaisir que les consoles arrêtaient de crépiter. Sa satisfaction fut de courte durée. Une demi-seconde plus tard, la gravité devint folle. Le sous-marin se mit à faire des loopings invraisemblables, projetant les uns contre les autres humains et équipements qui n'étaient pas solidement arrimés. L'assureur tomba sur le dos. Quelqu'un lui écrasa les doigts. Il cria. Le corps flasque et mou du pilote s'aplatit sur son ventre et ses jambes.

La suite fut un mélange de jurons, de chocs sourds et de prières avortées.

L'océan se referma une nouvelle fois sur le *Titanic*. Toute chose vivante ou inanimée qui se trouvait à moins de 200 mètres fut aspirée au cœur du maelström.

MS 9 et MS 1O tournoyaient, grains de poussière perdus au milieu des morceaux d'échafaudages, des plaques de béton ou d'acier. Une énorme bulle d'air comprimé, méduse géante, molle et translucide, remonta vers la surface. Fracas assourdi de fin du monde. Les compartiments supérieurs du paquebot implosaient les uns après les autres. Les vitres du quartier des officiers, de la salle de gymnastique, éclataient en essaims coupants. Et la grande coupole de l'escalier, fierté de ses constructeurs ? Pulvérisée, malgré son armature de fer forgé. Le mât du nid-de-pie se brisa en deux, net, fracassant l'avant de la passerelle. Les canots s'arrachèrent à leurs bossoirs pour entamer une danse étrange parmi tous les fragments éparpillés. Ultime outrage : les cheminées, écrasées par la pression, se replièrent sur elles-mêmes, telles de vulgaires bouteilles en plastique broyées !

Les remous étaient si violents que soudain, chose incroyable, le titan se souleva du sol. Cette immense masse sombre commença à grimper lentement tout en basculant sur bâbord. Les sédiments et les bulles s'éparpillaient et noyaient la scène dans une purée de pois grandissante.

Les deux Mini-Subs, toujours encastrés l'un dans l'autre, glissèrent sous le mastodonte pour atterrir en douceur dans la vase.

Terence Granchester avait l'impression d'avoir fait un séjour dans un shaker géant. Chaque os de son corps se rappelait douloureusement à lui, mais il était conscient.

Sa première réaction fut de rire aux éclats.

La seconde fut d'appuyer sur le bouton du survolteur.

« Faut qu'on dégage », grogna Paul.

Il se trouvait lui-même toujours coincé sous le corps du pilote évanoui. Kathy agrippa le manche à balai mais une méchante décharge la fit hurler. Une odeur de câble fondu commençait à envahir l'espace confiné.

Durant un instant magique, la silhouette du *RMS Titanic* parut se stabiliser. Le paquebot flottait à 20 mètres du fond, tout auréolé de bulles scintillantes. Il était en lévitation, couché sur son flanc.

Puis il commença à redescendre.

De plus en plus vite.

« Vous aimez ça, hein ? Ça vous plaît ! » claironnait Granchester en envoyant des secousses électriques, entre deux rires de gorge.

Tout à coup, un bras l'agrippa par-derrière. On lui tirait les cheveux. Il émit une sorte de glapissement strident.

« Espèce de fou ! cracha Murray Hamilton à son oreille. Vous allez tous nous tuer ! »

Les crépitements cessèrent.

Kathy n'hésita pas une seule seconde. Elle ramena le manche vers elle d'un coup sec, tout en appuyant sur le bouton qui lançait les turbines.

MS 9 eut une sorte de hoquet, bondit vers l'avant et arracha au passage l'un des bras métalliques de son adversaire.

« On est partis ! »

Hamilton essayait d'étrangler Granchester. Ce dernier griffait, crachait et se débattait comme un chat sauvage. Une ombre s'épanouit au-dessus de la cabine de pilotage. Une ombre gigantesque. Une sorte d'éclipse sous-marine. Totale. Les deux associés levèrent les yeux vers le hublot du plafond. La superstructure déchiquetée du *Titanic* grossissait, grossissait…

Ils hurlèrent, communiant dans la même terreur.

Vingt mille tonnes d'acier riveté mirent un terme définitif à leur cri.

ÉPILOGUE

L'océan dansait toujours, mais le vent s'était calmé.

Entre deux passages nuageux, un quarteron d'étoiles se miraient dans les flots noirs comme de la mélasse. D'autres lumières, artificielles celles-ci, brillaient à l'avant des hélicoptères qui tournaient dans la nuit, leur ronronnement se superposant à la rumeur des vagues. Une par une, elles venaient mourir sur les massifs piliers d'acier, dans un clapotis qui ressemblait à une monotone litanie. Les remorqueurs avaient ramené les Mini-Subs jusqu'à la plateforme. Ils se dandinaient, collés à la superstructure métallique tels des rémoras ventousés à un gros cétacé.

Paul fit grimper Kathy en premier, puis il la suivit sur le caillebotis. Ils étaient exténués mais vivants. Et rassurés. Le pilote avait contacté le QG par radio. Pam Johnson, Martinez et les autres membres du personnel étaient sauvés. Les derniers techniciens avaient pris place dans les capsules du couloir est, un quart d'heure plus tôt. Rallier la surface ne serait plus qu'une formalité.

Qu'allait-il advenir du « Cœur de l'océan » ? Allait-il rester abandonné et rouiller, nouveau monument dédié à l'orgueil du genre humain ? Le reconstruirait-on ? Cela paraissait peu probable…

Paul et Kathy vacillèrent, les jambes flageolantes. Le sol ne tanguait pas, mais leur esprit avait tendance à fabriquer automatiquement la houle qu'on est censé trouver en haute mer. Il en résultait une curieuse impression de « roulis immobile ». Des infirmiers les enveloppèrent dans une couverture de survie. On leur mit un café chaud entre les mains. Nathan Hamilton et Tina Wong étaient juste derrière eux, en compagnie des « Assassins Droïds » et des derniers passagers du MS 9. Ils titubaient comme une bande d'ivrognes au petit matin. Ils se soutenaient mutuellement, se chuchotaient des mots de réconfort. Alex Kington, lui, restait coi, un mouchoir rouge pressé sur son nez cassé.

Une escouade de vigiles, l'air sévère, marcha en direction de la jeune Asiatique et de ses amis. Des menottes brillaient à leur ceinturon.

« Foutez-leur la paix », dit le fils du milliardaire, d'une voix sans timbre.

Les hommes en gris n'insistèrent pas. Tina se blottit contre l'adolescent. Ce dernier laissa son regard curieusement inexpressif glisser sur la surface des eaux sombres. Il n'y avait pas de débris, pas de corps. Rien ne laissait soupçonner que, 3 800 mètres plus bas, un drame terrible venait de se jouer. Rien, à part les visages défaits, les yeux rougis et les lèvres tremblantes des survivants. « Le cœur de l'océan », le rêve de Murray Hamilton, était devenu son tombeau. Avait-il trouvé une absolution dans la mort ? Nathan n'aurait su le dire. Il se mit à pleurer. Quelques gouttes de plus ou de moins emportées par le vent, ça ne changeait pas grand-chose mais, au moins, ça soulageait.

Une étoile filante passa dans le ciel, dessinant une brève strie de feu.

Paul Lomat regarda sa montre. 02 h 20. Cent ans plus tôt, à la même heure, la poupe du *Titanic* quittait le royaume des vivants pour entrer dans la nuit éternelle.

Cent ans plus tôt…

Pour la seconde fois, les flots noirs de l'Atlantique servaient de linceul au paquebot. Pour la seconde fois, la nature sanctionnait ici même l'orgueilleuse folie des hommes. Jamais l'expression « l'histoire est un éternel recommencement » n'avait semblé si vraie.

« Quel sera le prochain *Titanic* ? songea Paul. Un avion géant dans la stratosphère ? Un vaisseau de colons pour Mars ? Un programme génétique révolutionnaire ? » L'homme avait toujours besoin de nouvelles frontières, de nouveaux défis... Il trouverait bien. Alors, que faire ? Stopper la marche du progrès ? C'était impossible. Tenir à distance les pouvoirs de l'argent ? Impossible aussi. On ne pouvait pas créer de tels prodiges d'un claquement de doigts. Se montrer plus respectueux, plus humbles, réfléchir aux conséquences ? Oui, sans doute...

Le vent ébouriffait la frange de Kathy. Elle se colla contre Paul. Celui-ci inspira profondément l'air iodé puis se tourna vers l'est, l'esprit absent. Là-bas, bientôt, un fin liseré de lumière découperait l'horizon. Le disque d'or du soleil se lèverait pour un jour nouveau.

Et l'océan, immuable, serait là pour l'accueillir.

Fin

TITANIC : AUTOPSIE D'UN MYTHE

Cent ans après son naufrage, le *Titanic* fascine toujours autant le public (et les raconteurs d'histoires). Pourquoi cette catastrophe est-elle ancrée à ce point dans notre imaginaire collectif ?

Quand la science cesse de faire rêver

Succédant à un certain obscurantisme de la pensée, les grandes découvertes du siècle des Lumières et la révolution industrielle, symbole de l'ère victorienne, avaient donné des ailes à l'humanité conquérante, scientifique et matérialiste. Les années 1900 furent à plus d'un titre celles du désenchantement. Pensez donc : un navire prétendu insubmersible, fleuron de la technologie, coulé par un stupide morceau de glace ? Voilà qui remettait l'homme, aspirant horloger de l'univers, cruellement à sa place. Le naufrage du *Titanic* fut le premier accroc dans la trame d'une vision unilatéralement positive du progrès. Plus tard, la bombe atomique (1945) et l'explosion de la navette Challenger (1986) enfoncèrent d'autres clous dans le cercueil de la science romantique (pour ne pas dire romanesque) à la Jules Verne. Ce grand thème (la tentation de la démesure) plonge ses racines dans la mythologie grecque, où il est plus connu sous le nom d'*hybris*. Les histoires des dieux anciens regorgent en effet d'humains dont l'orgueil finit par menacer l'ordre cosmique. Systématiquement, les dieux punissent les imp(r)udents. « Regarde les maisons les plus hautes, et les arbres aussi, écrivait Hérodote. Sur eux descend la foudre, car le ciel rabaisse toujours ce qui dépasse la mesure. » Assaisonné à la sauce « science-fiction », ce thème donna naissance à l'archétype de l'apprenti sorcier : *Frankenstein ou le Prométhée moderne* de Mary Shelley. Le bouclier magnétique décrit dans le présent roman n'est que l'une des innombrables déclinaisons de cette veine littéraire…

La métaphore de la fracture sociale

Le *Titanic* est également un instantané saisissant de la société stratifiée et verticale de la fin de l'ère victorienne : les grands bourgeois boivent du champagne en haut de la pyramide sociale pendant que la plèbe anonyme croupit à sa base. Entre les deux, peu de contacts. Et quand l'eau monte, on a recours à des grilles pour protéger d'illusoires privilèges. Le temps passant, la métaphore est devenue planétaire. Notre bonne vieille Terre ne s'apparente-t-elle pas à un navire voguant sur les mers du cosmos, une « galère » dans laquelle nous sommes tous embarqués ? Pas besoin d'être grand clerc pour prédire qu'un jour une catastrophe surviendra. Sera-t-elle nucléaire (le récent exemple du Japon me vient à l'esprit) ? Économique ? Écologique (une montée des eaux généralisée est plus que probable) ? On aura beau ériger des murs, faire des lois (comme celles qui empêchent les miséreux du Sud d'aller se réfugier chez les nantis du Nord, régulation oblige) tout le monde finira par boire la tasse de la même manière !

J'ai écrit *Titanic 2012* dans une atmosphère de fin de siècle : on se préparait à fêter le nouveau millénaire pendant que les problèmes s'accumulaient. Nous continuons hélas, quelques années plus tard, à « danser sur un volcan », comme les passagers du célèbre paquebot. D'ailleurs, Nicolas Hulot ne s'y est pas trompé lorsqu'il a intitulé, en 2009, *Le Syndrome du Titanic* son documentaire en forme de cri d'alarme écologique.

Le choix moral face à la mort

Comment aurais-je agi si j'avais été présent sur le pont du *Titanic* en 1912 ? ou en France, durant l'occupation nazie ? ou bien encore à Fort Alamo, encerclé par une armée très supérieure en nombre ? Difficile de répondre à ces questions tant que l'on n'a pas été confronté « pour de vrai » aux événements. Comme le dit l'un de mes personnages, il est aisé de jeter l'anathème sur Joseph Bruce Ismay, président de la White Star Line, qui embarqua en douce sur un canot de sauvetage, faisant fi de la chevaleresque consigne « Les femmes et les enfants d'abord ». Ce thème du choix moral revient dans tous les « récits catastrophe », et *Titanic 2012* n'échappe pas à la règle. Dans une interview accordée aux *Cahiers du cinéma*, en 1997, James Cameron déclarait : « Le naufrage du *Titanic* est comparable à une catastrophe aérienne au ralenti. C'est un avion qui s'écrase pendant plus de deux heures. » Les passagers coincés sur le paquebot ont en effet eu le temps de « se voir mourir. ». Quoi de mieux pour explorer la psyché de l'animal humain face à la « grande faucheuse », sujet particulièrement tabou dans nos sociétés occidentales ? Cameron ajoute : « Psychologiquement, je crois que nous nions totalement l'idée de notre mortalité. Le *Titanic* en est le parfait exemple. Voilà des gens, comme enveloppés dans une sorte de cocon, le cocon de la civilisation presque parfaite. Et il ne leur est pas venu à l'esprit une seule seconde qu'ils étaient embarqués sur une gigantesque machine d'acier, immergée dans l'infini de l'océan, qui plongerait droit dans l'eau glacée au moindre incident. Ils n'ont pas laissé la réalité de cette situation pénétrer ne serait-ce qu'une fraction de seconde leur esprit, jusqu'au moment où tout cela leur a éclaté aux yeux. J'aime cette idée parce que c'est la métaphore de la condition humaine. *[…]* Intellectuellement, nous acceptons l'idée de la mort, parce que tout le monde passe par là. Mais il y a une petite voix en nous qui dit : "Je n'ai pas connu la mort. C'est une expérience que je ne connais pas et qui donc ne se produira peut-être jamais." Émotionnellement, on n'accepte pas la mort. » Jusqu'au moment où…

Quand la réalité rejoint la fiction…

Deux ans après la publication de mon roman, le 28 juillet 2001, un couple d'Américains, David Leibowitz et sa fiancée Kimberly Miller, échangèrent leurs vœux à 3 800 mètres de fond, sur le site même du naufrage. Les deux amoureux participaient à un programme touristique intitulé « Opération *Titanic* ». Pour la modique somme de 36 650 dollars (avion non compris), vous pouviez alors bénéficier des services du navire océanographique *Keldysh* et surtout de ses deux submersibles, *Mir 1* et *Mir 2*, qui avaient déjà été utilisés par James Cameron pour filmer certaines images de son film. Cette cérémonie provoqua une vive réprobation de la part des associations défendant la mémoire du *Titanic* et celle des victimes décédées dans ses flancs.

Si les projets de répliques modernes (paquebots parfaitement opérationnels) semblent avoir été abandonnés, il n'en est pas de même pour ce qui concerne les reconstitutions « grandeur nature » statiques. En 2009, Toivo Sukari, un homme d'affaires finlandais, a annoncé qu'il voulait construire dans le nord de son pays une copie à taille réelle du célèbre navire, non loin du village de Kiiminki, à 630 kilomètres au nord d'Helsinki. Le projet (incluant hôtels et restaurants) coûterait entre 30 et 40 millions d'euros. « Je suis sûr que les touristes japonais qui vont faire du ski en Laponie auront envie de voir ça », aurait déclaré M. Sukari.

Autant de signes qui laissent à penser que, si la technologie le permettait aujourd'hui, le complexe touristique décrit dans mon histoire aurait toutes les chances de se concrétiser. Cela serait-il judicieux, sur le plan de l'éthique ? Le mercantilisme et les paillettes sont-ils le prix à payer pour raviver la flamme du souvenir, comme le préconise (un brin hypocritement) Murray Hamilton ? Lecture faite du roman, mon point de vue sur la question transparaît, je l'espère, clairement…

SOURCES

Livres

De très nombreux ouvrages ont été écrits sur le sujet. Je n'en signalerai que quelques-uns :

– *La Nuit du Titanic* (J'ai lu) et *Les Secrets d'un naufrage* (L'Archipel) de Walter Lord. Indispensables (surtout le premier). Lord a rencontré de nombreux rescapés dans les années 1950. Il n'a pas son pareil pour rendre un récit historique vivant et passionnant.

– *Titanic : la grande histoire illustrée* (Glénat) de Don Lynch, peintures de Ken Marschall. L'autre grande référence (un livre dans lequel Cameron a abondamment puisé). Très détaillé, bénéficiant d'une magnifique iconographie. Ça vaut le coup de casser sa tirelire.

– *Images du Titanic* (Gallimard) de Ken Marschall et Rick Archbold. Tous les amoureux du *Titanic* connaissent Ken Marschall. Ses toiles sont une source d'inspiration et d'émerveillement sans cesse renouvelée.

– *Titanic : l'histoire du film de James Cameron* (Presses de la Cité) de Paula Parisi. Un très bon livre, riche en anecdotes. J'ai puisé de nombreux renseignements dans les chapitres retraçant les prises de vues sous-marines. La citation de John Bruno (2e partie) est tirée de cet ouvrage.

– *Les Enfants du Titanic* (Le Livre de Poche Jeunesse) d'Elisabeth Navratil. Par la descendante d'un des rescapés du naufrage.

– *Renflouez le Titanic* (Lefrancq) de Clive Cussler. Divertissant…

– *L'Océanographie physique* (Presses universitaires de France) de Maxence Revault d'Allonnes. Un excellent « Que sais-je ? ». J'y ai pioché les grands principes de l'hydrodynamique… puis j'ai laissé vagabonder mon imagination pour inventer les fameuses « cheminées thermiques » chères à Kathy Wells.

– *Habiter sous la mer* (Éditions maritimes) de Jacques Rougerie et Édith Vignes ; *Les Enfants du capitaine Nemo* (Arthaud) de Hugo Verlomme et Jacques Rougerie.

Revues

– *Sciences et Vie Junior* (numéro de décembre 1998… je sais, ça ne date pas d'hier). Très bon dossier sur d'éventuels « *Titanic II* ». Le speech de Walter Scotch est une synthèse des arguments avancés dans cet article par Jacques Binot, de l'Ifremer.

– *Sciences et vie Junior* (hors-série numéro 34). Un reportage passionnant sur les accélérateurs de particules. Eh oui, les cavités accélératrices, les accélérateurs linéaires, les aimants de focalisation ou de courbure existent bel et bien. Mais créer un « bouclier moléculaire » à partir de tout cela… Hum, c'est une autre paire de manches. Pour l'instant en tout cas.

Avec un peu de chance, tu pourras peut-être, jeune ami lecteur, trouver ces revues dans les archives de ta médiathèque préférée. Demande aux bibliothécaires de t'aider !

Films

– *Titanic* (1998) de James Cameron. Un très grand et très beau film « romanticatastrophe » qu'on ne présente plus.

– *A Nigth to Remember* (1958) de Roy Baker. Adapté du récit de Walter Lord. Oscar du meilleur scénario. C'était, à l'époque, la version filmée la plus fidèle du drame.

– *Les Fantômes du Titanic* (2003). Encore Cameron, mais pour un documentaire, cette fois, filmé en 3D autour de l'épave.

REMERCIEMENTS

– À Xavier Décousus, qui a initié cette renaissance de *Titanic 2012* et a supervisé sa « restauration ».

– À Denis Guiot, ainsi qu'à sa défunte épouse, Catherine, qui m'ont aidé à améliorer mon synopsis. Denis a, ensuite, en tant que directeur de collection, suivi le roman durant toutes les étapes de son élaboration initiale.

– À James Cameron, pour son superbe film. (*James, if you want to put this story on screen, my answer is… NO PROBLEMO !*)

– Hum, j'ai l'impression d'être Murray Hamilton qui remercie tout le monde lors de la soirée d'inauguration… Bon, je continue quand même (j'espère qu'une vague géante ne va pas me submerger dans cinq minutes)…

– Un grand merci à Pierre Valdy, de l'Ifremer, qui a accepté de lire mon manuscrit et de jouer les conseillers techniques. Je précise que M. Valdy et l'Ifremer ont, en août 1998, remonté à la surface un morceau conséquent de l'arrière du *Titanic*, en direct devant des millions de téléspectateurs (pour le compte de la *RMS Titanic Society*, l'actuel propriétaire de l'épave) ! C'est dire s'il connaît son sujet. « Les inexactitudes, les approximations qui persistent sont donc entièrement de mon fait, soit parce que j'ai posé la mauvaise question… soit parce que j'ai choisi d'imprimer la légende », comme disait John Ford.

Cet ouvrage a été imprimé en France par

CPI
BUSSIÈRE

à Saint-Amand-Montrond (Cher)
en mars 2012

N° d'impression : 120320/4
Dépôt légal : mars 2012